SEMINÁRIOS ITALIANOS

Blucher   KARNAC

SEMINÁRIOS ITALIANOS

Wilfred R. Bion

Tradução
André G. Growald

Revisão técnica
Paulo Cesar Sandler e Vasco Moscovici da Cruz

Authorised translation from the English language edition published by Karnac Books Ltd.

Seminários italianos

Título original: *Seminari Italiani*

Primeira edição publicada em italiano por Edizioni Borla em 1985, *Seminari Italiani: testo completo dei Seminari tenuti da W. R. Bion a Roma.*

© 1985 The Estate of Wilfred R. Bion

© 2005 Karnac Books

© 2017 Editora Edgard Blücher Ltda.

Equipe Karnac Books
Editor-assistente para o Brasil Paulo Cesar Sandler
Coordenador de traduções Vasco Moscovici da Cruz
Revisão gramatical Beatriz Aratangy Berger
Conselho consultivo Nilde Parada Franch, Maria Cristina Gil Auge, Rogério N. Coelho de Souza, Eduardo Boralli Rocha

Blucher

Rua Pedroso Alvarenga, 1245, 4º andar
04531-934 – São Paulo – SP – Brasil
Tel.: 55 11 3078-5366
contato@blucher.com.br
www.blucher.com.br

Segundo o Novo Acordo Ortográfico, conforme 5. ed. do *Vocabulário Ortográfico da Língua Portuguesa*, Academia Brasileira de Letras, março de 2009.

É proibida a reprodução total ou parcial por quaisquer meios sem autorização escrita da editora.

Todos os direitos reservados pela Editora Edgard Blücher Ltda.

FICHA CATALOGRÁFICA

Bion, Wilfred R.

Seminários italianos / Wilfred R. Bion ; tradução de André G. Growald; revisão técnica de Paulo Cesar Sandler e Vasco Moscovici da Cruz. – São Paulo : Blucher, 2017.

160 p.

ISBN 978-85-212-1098-6

Título original: *Seminari Italiani*

1. Psicanálise I. Título. II. Growald, André G. III. Sandler, Paulo Cesar. IV. Cruz, Vasco Moscovici.

16-0984   CDD 150.195

Índices para catálogo sistemático:
1. Psicanálise

Conteúdo

Nota do editor	7
Nota da edição italiana	9
SEMINÁRIO UM Roma, 8 de julho de 1977	11
SEMINÁRIO DOIS Roma, 9 de julho de 1977	31
SEMINÁRIO TRÊS Roma, 10 de julho de 1977	47
SEMINÁRIO QUATRO Roma, 13 de julho de 1977	59
SEMINÁRIO CINCO Roma, 15 de julho de 1977	75

6   CONTEÚDO

SEMINÁRIO SEIS
Roma, manhã, 16 de julho de 1977   89

SEMINÁRIO SETE
Roma, tarde, 16 de julho de 1977   103

SEMINÁRIO OITO
Roma, noite, 16 de julho de 1977   117

SEMINÁRIO NOVE
Roma, 17 de julho de 1977   131

Índice remissivo   155

Nota do editor

Os seminários contidos neste livro foram conduzidos por Bion em Roma no verão de 1977. Parthenope Bion Talamo serviu como "tradutora simultânea" para as falas de Bion em Roma, no verão de 1977. Isto incluiu várias interpretações das falas, quanto questões e comentários dos participantes italianos e também para as próprias falas de Bion: a meu ver, façanha excepcional de Parthenope. Logo a seguir, editei as contribuições de Bion para a edição italiana dos seminários, publicada em 1988.

Não me surpreendeu a decisão de Paulo Cesar Sandler e, depois, de Oliver Rathbone, de disponibilizar para o leitor brasileiro mais este texto de Bion. Por parte do primeiro, constituía projeto mais antigo, para o qual tanto eu como Parthenope pudemos rever a edição italiana.

Francesca Bion, 2005

Nota da edição italiana

O texto integral destes seminários conduzidos por Bion em Roma em 1977 nunca foi publicado anteriormente sob a forma de livro, nem mesmo em inglês. Os seminários ocorreram em duas séries, a primeira consistindo em quatro sessões patrocinadas pela Società Italiana Psicoanalitica e a segunda, de cinco sessões, organizada pelo Grupo de Pesquisa Via Pollaiolo.

Parthenope Bion Talamo, 1985

SEMINÁRIO UM

Roma, 8 de julho de 1977

Desculpem-me pela incapacidade em falar italiano; consola-me o fato de que o assunto que vou debater é bastante difícil, a meu ver, em qualquer língua; mesmo quando disponho do inglês, língua que conheço. Teremos oportunidade de voltar a essa questão, adiante.

Qual é nosso interesse? Para que estamos reunidos aqui? Sobre o que iremos conversar? Poderíamos dizer, é claro, "psicanálise". No entanto, simplesmente essa palavra não significa nada. É um termo usado quando desejamos "falar sobre isso", mas que não diz o que "isso" é. Não é possível cheirá-la, nem tocá-la, nem olhá-la. É muito difícil, de fato, afirmar qual é o componente sensível da psicanálise.

Na medida em que nossa pretensão seja de uma perspectiva científica, será natural supor alguma evidência que nos sirva de

12 SEMINÁRIO UM

suporte. Gostaria de abordar o quão importante é obtermos alguma fundamentação em fatos; e como nós podemos observar tais fatos.

Tive um treinamento no British Institute of Psycho-Analysis (Instituto Britânico de Psicanálise). Minha experiência com John Rickman e com Melanie Klein foi toda verbal. Teríamos de ser cegos e surdos a tudo, com exceção daquilo que adentra em nossos ouvidos? Quando um paciente me procura há, realmente, um corpo físico acessível à minha visão. Posso, portanto, fiar-me em evidências trazidas pelos meus sentidos, pelo meu aparelho sensorial, e na informação que meus sentidos me trazem. Não acredito que possamos nos permitir ignorar aquilo que nos dizem nossos sentidos, pois em qualquer caso que se considere, há escassez de fatos.

Portanto, até este ponto, aquilo que possuo de mais valioso é a evidência dos meus sentidos e a informação que meus sentidos me trazem. Quando falo "sentidos", tomo de empréstimo um termo da anatomia e da fisiologia; uso-os como modelos, com o intuito de poder falar sobre outras coisas para as quais não possuo a mesma espécie de evidência. Desta forma, permaneço dependente de um sistema nervoso saudável, que pode ser excitado – usando o termo num sentido fisiológico: nossos terminais nervosos são excitados pelo universo em que vivemos. Alguns destes sentidos são extremamente poderosos. Por exemplo, o sentido da visão, da capacidade ocular. Parece preponderar, em grande parte por permitir-me ver as coisas mesmo quando não consigo tocá-las. O mesmo pode ser dito sobre a audição: consigo ouvir sem ter um contato físico real com um corpo físico.

Proponho colocarmos em evidência uma citação de um trabalho de Freud, de 1926: "Há mais continuidades entre a vida intrauterina e a infância precoce do que a impressionante cesura do ato do nascimento nos permite acreditar" (S.E. 20, p. 138). Freud falara isto anteriormente, porém nunca pareceu ter levado o assunto adiante. Esta visão surgiu-lhe mais próximo ao final de sua vida. Infelizmente – talvez, por intervenções de Ernest Jones, fomentando, a meu ver, preconceitos de Freud contra Otto Rank – este último não seguiu adiante com suas ideias sobre o trauma do nascimento, ideia original sua. Freud tendeu a ignorar o fato daquela "impressionante cesura". Entretanto, sendo Freud quem era, chegou a considerar o fato do nascimento, e que havia alguma verdade em afirmar-se que tal evento seria muito impressionante.

Sugiro que aceitemos o recado; que admitamos o fato de que nos impressionamos excessivamente com o trauma do nascimento. Faço isso da seguinte maneira: Quando você nasceu? Qual foi o local de seu nascimento? Se você me fornecer as respostas comumente aceitas, eu poderia dizer "Isso é muito útil para estatísticas vitais do governo, que quer saber quando ocorreu seu nascimento, se foi no dia tal de tal, de tal e tal mês e de tal e tal ano. Isso seria ótimo para o governo." Eu gostaria, por outro lado, de ser capaz de perguntar e obter alguma resposta, "por favor diga-me quando foi que suas fossas ópticas tornaram-se funcionais, durante a ocasião em que apareceu sua terceira protovértebra? Diga-me, quando suas fossas auditivas tornaram-se funcionais?" Sei perfeitamente que ninguém poderá responder tal questão.

Posso perguntar inúmeras questões, mesmo não esperando respostas, já que eu mesmo não tentaria respondê-las; mesmo sem qualquer fragmento de evidência, acredito na relevância destas questões.

Embriologistas descrevem "fissuras branquiais" e nos dizem de evidências da sobrevivência delas no corpo humano. Uma ideia interessante; podemos brincar com ela, e isso seria mais viável se algum dia fomos peixes – ou se ainda fôssemos; ou se ainda conservamos elementos que persistem na nossa constituição que

14   SEMINÁRIO UM

seriam apropriados à nossa natureza de peixes. Embriologistas também falam sobre "caudas vestigiais". Se tais vestígios existem em relação ao corpo, porque não estariam acontecendo em algum lugar em relação ao que chamamos de mente? Será possível que algumas de nossas características seriam mais compreensíveis se fôssemos animais aquáticos? Ou se vivêssemos nas árvores, como os macacos? Não é muito difícil perceber por que as pessoas falam frequentemente, mesmo que metaforicamente, até certo ponto – a respeito de nossos ancestrais símios; e de nossas características simiescas. Isso não ocorre tão frequentemente com relação a nossos ancestrais piscosos – mesmo se nos recordarmos de que cirurgiões se referem a um "tumor de fissura branquial". Embora não estejam operando um embrião, fazem uso da terminologia dos embriologistas, para levar a cabo uma operação cirúrgica sofisticada, denominada, pelos próprios cirurgiões, de "um tumor de fissura branquial".

Desejo considerar a ideia de que o animal humano possui uma mente ou um caráter ou uma personalidade. Parece ser uma teoria bastante útil; comportamo-nos como se pensássemos de que exista até mais do que isso. Em nossa condição de psicanalistas e psiquiatras, não nos será possível tratar disto do como, se fosse simplesmente uma teoria para nossa diversão. Os pacientes, tampouco, vêm nos ver por estarem sofrendo de uma teoria de entretenimento. Poderíamos dizer que há um colaborador que temos em análise, um colaborador no qual podemos confiar, que se comporta como se realmente tivesse uma mente; e pensou em alguém, que não ele mesmo, que pudesse ajudá-lo. Em suma, a ajuda mais importante que um psicanalista jamais poderá obter não provém de seu analista; nem de seu supervisor; nem de algum professor; nem de livros que possa ter lido, mas de seu paciente. O paciente – e tão somente o paciente – sabe o que é sentir ser ele ou ela. O paciente é também a única pessoa que sabe o que é ter ideias tais como as ideias daquele homem ou mulher em particular. Isto torna muito importante que sejamos capazes de ouvir, ver, cheirar e até mesmo sentir qual é a informação que o paciente está tentando transmitir. Ele é o único que conhece os fatos e portanto aqueles fatos serão a fonte principal de qualquer interpretação, qualquer observação que sejamos capazes de fazer. A nossa primeira consideração, portanto, tem de ser sobre como devemos observar se tomarmos um ponto de vista científico a respeito da importância da evidência – a evidência que nos está disponível naquele espaço de tempo bastante curto de cinquenta minutos ou qualquer que seja, nos quais o paciente concorda em estar disponível. É muito importante que cada um de nós possa decidir por si mesmo quais são os requisitos mínimos a fim de que sejamos capazes de fazer análise.

A meu ver, a evidência disponível diretamente aos meus sentidos vale muito mais que qualquer evidência – se ela realmente existir ou existisse – que poderia ser trazida a mim pelo "ouvir dizer". Posso cogitar valor numérico, uma porcentagem para ilustrar essa discussão: a evidência disponível quando o paciente está comigo equivale a 99%. O que ouvi falar sobre o paciente ou sobre minha conduta sobre o caso ou qualquer outra coisa vale, no máximo, 1%. Deste ponto de vista, não preciso me preocupar muito com o que eu ouvi dizer ou relatei tão logo o paciente saiu de meu campo visual ou auditivo. Posso ficar surdo e cego para qualquer outra coisa. Isso poupa muito trabalho, admito, mas penso que há muito sentido por detrás desta ideia.

Voltemos às questões sobre o que estamos observando e o que devemos fazer a respeito de nossas observações. Lembro que alguém me perguntou "Você alguma vez faz algo além de falar?". Respondi: "Sim. Fico calado". Tenho receio que possa ser difícil para vocês acreditarem enquanto estou aqui sentado e falando mas, na verdade, em análise, prefiro poder permanecer em silêncio. É bastante difícil, como sabemos, pela pressão que nos

16 SEMINÁRIO UM

é colocada para dizer ou fazer alguma coisa. "Por que você não *diz* alguma coisa?" "Por que você não *faz* alguma coisa?" Este é particularmente o caso quando estamos trabalhando com um paciente dependente dos pais ou parentes, como uma criança; pais e parentes querem que o analista faça alguma coisa. Fazer, para eles, significa algo que eles possam compreender. É difícil para o leigo acreditar que empregamos uma espécie de linguagem que é indistinta da ação.

Em nosso contato social corriqueiro, tornamo-nos bastante descuidados com nosso vocabulário e com as palavras que empregamos. A linguagem que falamos fica aviltada e desvalorizada. Penso ser de grande importância tornar *sua* linguagem, a mais clara possível: a linguagem que *vocês* utilizam tanto para a comunicação consigo mesmos quanto para a comunicação com alguém que não são vocês.

Ao se dedicarem a uma introspecção, não lhes aconselho escrever o que pensam que o paciente tenha dito, como uma espécie de estudo de caso. Esse tipo de narrativa pode ser útil, não quero desmerecê-la, e talvez falemos sobre isso mais tarde. No entanto, por enquanto, pensem em quais palavras vocês mais utilizam na análise; a partir disto, tentem reduzi-las, para que sua soma fique cada vez menor; utilizem-nas com moderação, com muita precisão, simplesmente a fim de dizer o que vocês querem exprimir. Se utilizam pouquíssimas palavras e se sempre as utilizam corretamente – com o significado diretamente ligado ao que pensam ou sentem – então o paciente poderá gradualmente vir a compreender a linguagem falada por vocês. Os pacientes com frequência me dizem: "Não entendo o que você quer dizer". Há duas respostas possíveis a isso: uma é que não há nada que indique, ou os obrigue a entender, já que não estão familiarizados com os assuntos sobre os quais estou falando. A outra é que pacientes não compreendem meu emprego daquelas poucas palavras que utilizo. De fato, é muito difícil para os pacientes acreditarem que eu falo o que quero dizer. De certa forma eles estão cobertos de razão – muito pouca gente fala o que quer dizer, o que dificulta acreditar que é isso o que o analista está fazendo. Com o passar do tempo, poderão descobrir – por incrível que pareça – que o analista está querendo dizer aquilo que fala, ou que, pelo menos, tenta falar aquilo que quer dizer. No entanto, é muito difícil ser assim, fazer isto. É como fazer uma operação cirúrgica: é necessário afiar os bisturis, deixá-los em ordem, para que cumpram sua função enquanto o cirurgião está operando. Do mesmo modo, enquanto estiverem exercendo análise, vocês precisam exercer a amolação, e isto pode ser feito ao tornarmos preciso nosso vocabulário. É importante ter certeza sobre qual é nosso vocabulário, aquelas poucas palavras que nos são realmente úteis; e de mantê-las atualizadas e em condições de transmitir seu significado.

Para divagar por um momento: por que falar? É uma habilidade adquirida muito recentemente. Suponho que o animal humano desenvolveu um discurso articulado apenas nos últimos poucos milhares de anos, algo demasiado recente. Há muito para se dizer sobre a comunicação verbal; e como mantê-la o mais próximo possível da máxima precisão. No entanto, parece-me perigoso ignorar o fato de que há outras formas de comunicação. Prossegue-se fazendo a própria comunicação entalhando letras na pedra. Outros entalhadores e esculpidores fazem formas que também efetuam comunicação. Recentemente, pessoas como Henry Moore e Barbara Hepworth esculpiram formas com orifícios perpassando-as: usam como recurso um método de comunicação no qual é necessário um receptor. Pressupõe-se que alguém irá olhar para a escultura. De modo similar, pintores utilizam pigmentos – tais como os impressionistas. Como, na verdade, todos os pintores, recaem na comunicação da luz. Podem usar muitas cores e dife-

18 SEMINÁRIO UM

rentes gradações do espectro visual. Seria útil se vocês pudessem levar em conta para si mesmos os vários métodos de comunicação que conhecem, seus respectivos méritos e até que ponto tais métodos permitem expressar distinções mais sutis.

Estou falando há bastante tempo. Acho muito difícil tolerar informações sobre perguntas que não formulei. Assim sendo, penso que seria bom se vocês puderem formular quais as perguntas que querem fazer e então, juntos, talvez consigamos encontrar algum tipo de resposta.

> *P: Posso começar, só para quebrar o gelo. Elogios à parte, nem eu nem o resto do grupo estávamos preparados para o assunto abordado pelo Dr. Bion. Fiquei impressionado com o elemento surpresa, a forma de expressão e o "pathos" transmitido do início até agora. Ao mesmo tempo, fiquei muito surpreso ao descobrir que isso se encaixa em um dos meus próprios interesses profissionais atuais, qual seja, a função simbólica das emoções. O que quero dizer é a função das emoções como sinais, aquele cavalo de batalha que interessou Freud no fim da vida, ou toda uma série de conceitos usados por Hartmann e outros psicólogos de sua escola, os quais recentemente foram retomados por Rangell. Estou me referindo à função das emoções como sinais: emoções que realizam uma função de informação nelas mesmas. É claro que não é a função da informação que totaliza o conteúdo e o significado das emoções, apesar de que ela certamente representa uma grande parte das mesmas. Dessa forma, quando o senhor falou sobre o uso do sentido do olfato e de todos os sentidos pareceu-me que de alguma maneira*

estaria se referindo também à possibilidade da comunicação não verbal, isto é, todas as formas emocionais que utilizamos para comunicarmos tanto internamente (porque há símbolos intrapsíquicos) e também, de certa forma, para nos comunicarmos com os outros. Apesar de não necessariamente precisarem ser traduzidas em palavras, as emoções fornecem ao paciente a reinterpretação de sua fantasia ou do objeto de suas percepções. Assim, gostaria de perguntar, o senhor também incluiria as emoções entre estas formas não linguísticas de comunicação?

Bion: O que o paciente sente, em minha visão, é o mais próximo a um fato, como habitualmente o entendo, que tal paciente possa experimentar. A mesma coisa aplica-se a mim mesmo. Por exemplo, uma criança parece estar "ciente" – a melhor palavra que posso usar – de sua "dependência". De forma inseparável disso ela também parece estar consciente de estar "completamente só". Penso que ambos os sentimentos são desagradáveis; penso que ambos são fundamentais. Uma criança também parece estar ciente de que está presente algo que deveríamos chamar de uma personalidade e de quem ela poderia depender; ao mesmo tempo, essa criança pode estar consciente de que não há outra pessoa ali.

Com relação a pacientes descritos como sendo "psicóticos" ou "psicóticos *borderline*" penso que são extremamente cônscios de coisas que a maioria de nós aprendeu a deixar de estar cônscio.

Tomemos essa mesma criança vinte, trinta, quarenta, cinquenta anos mais tarde. A pessoa, como analista, está ficando um pouco cansada, e então recorre a teorias, teorias as quais penso ser de difícil diferenciação daquilo que Freud denomina de "paramnésias", que tem o objetivo de preencher um espaço que fica vazio porque alguém esqueceu algum ponto em particular e portanto inventa alguma coisa para preencher tal espaço. Desta forma poderíamos argumentar que a psicanálise inteira é uma espécie de linda paramnésia elaborada, tornada consistente consigo mesma, uma espécie de arquitetura na qual cada pedaço está em seu lugar apropriado – só que aqui e ali parece que há coisas que são paradoxos que começam a emergir. Quando estamos cansados, a nossa conversa notavelmente cosmética, que soa exatamente como psicanálise, na verdade se torna um jargão. Em suma, é como a conhecida observação de que as pessoas procuram fazer sons profundos do peito soarem como se fossem pensamentos profundos. Quando isso acontece o paciente psicótico *borderline* irá reagir de forma a mostrar que ele sabe que o analista que lá estava tornou-se mentalmente ausente.

Não sei se é sobre isso que o senhor estava falando; parece-me muito semelhante, ou seja, esta comunicação extraordinária. Não é algo físico, até o ponto em que sabemos, no entanto a emoção é comunicada de um corpo para o outro, ou, creio que poderia se dizer, de uma mente para a outra.

> P: *Se possível gostaria de voltar ao problema que foi abordado no início e de me aprofundar nele – refiro-me ao problema do trauma do nascimento e os comentários subsequentes sobre os vestígios animais nos seres humanos. Parece a mim, afinal de contas, que naquilo que o Dr. Bion falou há uma espécie de transição do verdadeiro trauma do nascimento para o que podemos chamar de conceito de dia de nascimento: nascer é uma coisa, mas lembrarmos do dia de nosso nascimento é outra, ou seja, o momento em que começamos a sentir, ver e rir. Fiquei muito entusiasmado por este fato – pergunto*

se o problema pode ser visto, usando a linguagem do Dr. Bion, por este vértice. A ênfase do Dr. Bion sobre a necessidade do analista de especificar a sua própria linguagem para si de modo extremamente preciso significa basicamente, me parece, que o analista deve estar absolutamente seguro de que ele está dizendo o que está realmente sentindo. Assim, quando o analista sente, mais ou menos, que ele está realmente dizendo o que está pensando e sentindo e, portanto, está genuinamente se tornando consciente do que está ocorrendo dentro dele, poderá este momento ser comparado com a transição do sentir para a linguagem articulada que o senhor mencionou anteriormente no seminário? Se isso corresponde ao aspecto do nascimento como um dia do nascimento, ou seja, não do nascimento no sentido de quando chegamos ao mundo, mas de nascimento como o momento em que nos tornamos conscientes de nossas percepções e do que sentimos, então a real questão é a seguinte: poderá tal processo de autoespecificação e, por assim dizer, do analista assumir sua linguagem própria, ser de fato a repetição de seu trauma de nascimento na análise e, poderá o paciente estar na posição de espectador desse processo contínuo de nascimento do analista? E por último, como pode o nascimento do analista ligar-se ao nascimento do paciente? O que está envolvido em termos de identificação, aprendizagem, comunicação não verbal e assim por diante?

Bion: Tomar-me-ia tempo excessivamente longo até para começar a responder às inúmeras perguntas colocadas pelo senhor. Gostaria, no entanto, de chamar a atenção a uma passagem de *Guerra e*

22   SEMINÁRIO UM

Paz de Tolstoi na qual o príncipe Andrei diz "Isso é verdade, aceite-a". Trata-se de um sentimento possuído por Tolstoi, comunicado de modo muito claro com estas palavras. Não sei qual validade deve ser atribuída a isso; mas sei que há certas situações no consultório nas quais *ambas* as pessoas estão iluminadas.

Traduzindo a mesma coisa para uma linguagem ligeiramente diferente: duas pessoas mantém um relacionamento sexual e elas se dizem – podem até obter uma certidão para isso – casadas. Às vezes ambas têm uma experiência sobre a qual sentem que "é verdadeiramente uma manifestação de amor". Dessa forma ambas aprendem inequivocamente o que é amor passional e, usando essa experiência como referência pode-se reavaliar todos os outros tipos de relações sexuais que se teve, até mesmo com o mesmo parceiro, e quais as diferenças entre eles. Se é possível articular esta capacidade recentemente adquirida de comunicação verbal de modo que ela possa se aproximar de uma descrição do amor passional, é outra questão. Quando se considera a história cultural da raça humana, quantos poetas, filósofos ou santos você acha que se aproximaram de uma descrição dessa extraordinária experiência de amor passional? Na verdade, o vocabulário, as palavras ficaram tão degradadas e tanta gente aprende a falar sobre "amor", "ódio" e assim por diante que é lugar comum as pessoas falarem "sim eu sei; sim eu sei; sim eu sei". Elas realmente pensam que sabem mas não sabem o básico sobre isso. É possível dizer "É claro que conheço 'Les Coquelicots',[1] vi incontáveis reproduções dela" ou então "Sim, conheço o Concerto para Trompa de Mozart, ouvi muitas e muitas gravações dele". Mas nenhuma dessas foi a experiência "verdadeira".

Após o último ensaio de *Petrouchka*[2] o produtor falou: "Não, isso não está certo". Fokine, também Stravinsky ficaram atordoados pela ideia de que algo não estivesse certo. O final, lembrem, descrevia a morte de Petrouchka. Quando Fokine e Stravinsky se defenderam, através de uma pergunta, "Bem, como deveria terminar"?, o produtor respondeu: "o fantasma de Petrouchka deve aparecer". Apesar daquele ser supostamente o último ensaio, Fokine e Stravinsky puseram-se a trabalhar, modificando o final de forma tal que o fantasma de Petrouchka apareceu na parede, com um fantástico aceno dos braços.

Qual é o objeto que pretende ser o fantasma de um boneco inanimado e que pensaríamos, estivesse morto o tempo todo, e que simplesmente gesticula como se estivesse animado, puxado pelos cordões do mestre? Colocando de outra maneira: quando você atender seu paciente amanhã, será capaz de detectar no material ao seu dispor os sinais de que há um fantasma de um marionete? Se sim, talvez você ainda possa soprar alguma vida naquele pouco de sobrevivência que restou.

> P: *Gostaria de perguntar uma coisa ao Dr. Bion. Detectei dois odores em tudo o que o senhor tem dito até aqui. O primeiro o odor foi das coisas que disse, e que, para mim, parece ser um odor de fatos. Em seguida houve um outro odor, a meu ver um odor de teorias. Gostaria de saber a sua impressão pessoal sobre isso e se ambos estão sempre inevitavelmente mesclados um ao outro.*

Bion: Depende do que se considera como sendo "inevitavelmente". Penso que a clivagem tem uma longa história. Por exemplo, na anatomia: o diafragma, separando a parte superior da parte inferior do corpo, foi visto, com muita sensatez, como o local do espírito ou da alma, pois sobe e desce quando respiramos: é óbvio que é justamente isso o que faz com que as pessoas pensem ou se assustem. Ponto final para os fatos anatômicos; ponto final para as ideias. É bastante racional, é baseado em boas observações e se

24 SEMINÁRIO UM

torna uma teoria impenetrável até que alguém a penetre. De acordo com Demócrito de Abdera a massa inútil do cérebro tem algo a ver com o pensar. Vocês podem ver por si mesmos que ideia tola é esta: o cérebro não *faz* nada. Assim, uma teoria de que o cérebro tem algo a ver com o pensar é realmente fantástica e não se sustenta sobre qualquer evidência. Bem, nem tanto, porque algum gênio descobriu que, se atingirmos essa massa encefálica com, por exemplo, um machado, apesar da cobertura óssea muito resistente que a equipa, o ato dará fim ao pensar perturbador. Isto possibilitou o surgimento de outra ideia, aparentemente associada: uma forma drástica e violenta de operação revelaria a fonte ou a origem do pensamento.

Tornamo-nos tão inteligentes que já ouvi dizer que as ideias não existem nas crianças e embriões porque as fibras não estão mielinizadas e, portanto, crianças e embriões não conseguem pensar. No entanto, vi um bebê muito pequeno que estava assustado. Já vi um bebê ser colocado no penico e imediatamente "fazer o serviço". Será que seu traseiro pensa? Ou será que não tem as fibras mielinizadas e portanto não consegue pensar? Ou teremos de reconsiderar nosso conhecimento fisiológico?

A mesma coisa se aplica a todo o corpo constitutivo do pensamento psicanalítico. Há teorias muito úteis – a diferença entre o consciente e o inconsciente. Voltando à metáfora, poderíamos dizer que, quando secretamos uma ideia ou quando produzimos uma teoria, parece que, ao mesmo tempo, estabelecemos um material calcário; tornamo-nos calcificados, a ideia se torna calcificada e então tem-se uma outra impressionante cesura da qual não se consegue sair. Um instrumento, uma teoria útil de consciente e inconsciente torna-se então uma limitação, torna-se uma cesura na qual não conseguimos penetrar.

O Dr. Matte Blanco tem falado bastante a respeito da possibilidade de pensamentos ou ideias que nunca foram conscientes.

Concordo totalmente; de um ponto de vista analítico, a partir de minha experiência com análise, há certas ideias que parecem nunca terem sido conscientes e que até parecem mostrar sua existência na vida adulta. Por exemplo, tenho um paciente que fala muito livremente; ao final de uma sessão fico sabendo muito – se fosse o caso de que eu fosse alguém que desse muita importância ao diz-que-diz-que – sobre todo mundo, com exceção do paciente. Isso me parece que se torna um pouco mais compreensível se supormos que tal paciente tem tentado se livrar de todo pensamento, sentimento e até pensamento primordial indesejável, mesmo antes de tê-lo tido, de sorte que o paciente fica cercado, por assim dizer, pelos pensamentos expressos por outras pessoas, de acordo com o paciente, mas nunca os seus próprios pensamentos ou ideias. Nunca. Ele não tem nenhum. Foram todos evacuados. Pergunta-se se é possível mobilizar o que poderia ser descrito como uma capacidade matemática ou um pensamento matemático a fim de expressar aquele estado de coisas de modo que seria comunicável a outras pessoas. Usando toda a teoria analítica que me parecia relevante, a minha própria pessoa não fazia a menor diferença neste fluxo de material, no qual aparecia tudo – com exceção do paciente. Ele era o único objeto que ficava completamente sem expressão. Dei muitas interpretações de projeção e assim por diante, mas elas não faziam a menor diferença. Há algo sobre a evacuação total que requer uma forma diferente de abordagem.

Um paciente me diz que teve um sonho e que sonhou... seja lá o que for. Isso é um relato narrativo e que poderia ser descrito, tomando-se emprestado da matemática, como uma progressão linear de A a B. O indivíduo nasce, casa, morre. *Hic iacet*.[3] Temos aí a história completa, terminada. Surge no entanto um problema quando se quer chamar a atenção do paciente para algo que requer um traçado mais sutil do que uma progressão linear do nascimento à morte.

Os pacientes confessam pecados de forma bastante livre, muitos deles, e após algum tempo sente-se que há um suprimento inesgotável de enganos, crimes e fracassos com os quais pode-se manter a análise continuando. No entanto, se uma análise se transforma numa forma um tanto quanto elaborada do confessionário, tal como é conhecido pela Igreja, então esta análise não vai acontecer. Mesmo se nos ativermos à fala articulada, é importante que possamos decidir quando uma análise se tornou uma espécie de versão moderna do confessionário. Se isso aconteceu, poderemos deixar de dar atenção a algo verdadeiro que o paciente está comunicando.

Vivi esse curioso estado de coisas no qual pode parecer que a arquitetura de Freud requer um reajuste, particularmente na direção de dar espaço ao crescimento. Enquanto estamos tentando elaborar um sistema de pensamento ou um sistema de análise temos de estar conscientes que estamos também excretando uma espécie de calcificação que irá colocar aqueles pensamentos mais numa prisão do que numa força libertadora.

Melanie Klein ficava bastante irritada ao ser rotulada de "kleiniana". Julgava-se ser uma psicanalista comum. Que simplesmente seguia as teorias estabelecidas da psicanálise. Betty Joseph disse: "É tarde demais. Goste ou não, a senhora é uma kleiniana". Não conseguia escapar disso; sob a pressão das várias objeções às suas ideias, tornou-se dogmática. Acredito ter se afastado da possibilidade de dar devida atenção ao valor de certas ideias que merecem a chance de crescer e se desenvolver.

Isso terá importância para nós, no amanhã, quando atendermos nosso paciente. Penso que é útil esquecermos todas as nossas teorias e nossos desejos porque podem ser tão obstrutivos, transformando-se em forte cesura, que não conseguimos ultrapassar. O problema é como permitir ao germe de uma ideia, ou ao germe de uma interpretação, uma chance de se desenvolver.

WILFRED R. BION   27

Se eu quiser ilustrar isso, posso falar de elementos alfa e elementos beta, um elemento beta sendo algo que é puramente físico e um elemento alfa algo mental, tal como a ideia de que um bebê é capaz de pensar se sabe o que fazer quando um penico é colocado sob suas nádegas. Tomemos o próximo estágio do desenvolvimento quando se torna algo que quase se pode ilustrar. Gostaria de dizer: "onde você foi ontem à noite e o que viu?" Na verdade não estou muito interessado no fato de que você foi para a cama e dormiu. Mesmo assim, gostaria de saber onde foi e o que viu. Sob pressão você poderia admitir: "Bem, tive um sonho mas não lembro dele". Freud considerava a interpretação dos sonhos como sendo muito importante. Isso não surpreende, ao considerarmos o fato de que muito antigamente, na História, certos sonhos foram gravados, tais como aqueles que aparecem na Bíblia. Penso, no entanto, que isso pode provavelmente se tornar – e de fato já se tornou – uma estrutura da qual é difícil se afastar. Quando um paciente diz que "sonhou", pensamos, correta ou incorretamente, de que o paciente estava dormindo. Os lugares em que foi; as coisas que viu, foram visitados e vistos num certo estado de mente. Quando está bem acordado e consciente, ficará num estado diferente de mente. As histórias sobre as coisas que viu serão certamente falsas, pois relatadas quando está totalmente consciente. A experiência aconteceu quando ele estava num estado de mente bem diferente: "dormindo" ou "inconsciente".

Voltando à sessão de amanhã: é necessário darmos chance a um germe, de um pensamento. Vocês certamente o reprovarão, certamente irão desejar que esteja em conformidade com alguma teoria psicanalítica muito apreciada, de forma que se vocês o relatassem a um outro psicanalista, poderia ser visto como estando de acordo com a teoria psicanalítica ou com as teorias de seu supervisor ou de seu analista. Isso não é suficientemente bom para o que vocês dizem *a si mesmos*. Este é o ponto central, embora muito difícil: vocês têm de *ousar* pensar e sentir seja o que for que pensam ou sentem, não importando o que a sua sociedade, ou sua Sociedade de Psicanálise pensa a respeito disso e até mesmo o que vocês pensam sobre isso. Posso tentar classificar esses pensamentos e sentimentos como imaginações especulativas, ideias especulativas e razões especulativas. Entretanto, não acredito que possamos nos permitir o equívoco de supormos que tais pensamentos especulativos têm o mesmo *status* que os cientistas atribuem a fatos. No que se refere aos fatos, penso que eles constituem evidências corroborando alguma crença, ideia ou teoria. As coisas das quais estou falando não equivalem a nada melhor do que uma probabilidade, algo para a qual não há evidência adequada ou suficiente que sirva de suporte. Até mesmo uma pessoa com uma mente aguçada como a de J. M. Keynes,[4] escreveu algo sobre uma Teoria da Probabilidade. Duvido que esse tipo de matemática seja suficientemente bom para aprofundar a questão da probabilidade. Há algo de valor na precisão da matemática mas, ao mesmo tempo, tal precisão não pode ser autorizada a se tornar tão ossificada, tão calcificada a ponto de não haver espaço para o desenvolvimento.

Recentemente Brouwer[5] e Heyting[6] tentaram libertar a matemática da prisão do pensamento matemático atual através da elaboração do Intuicionismo. Gödel fez a mesma coisa com relação à meta-matemática; os três envolveram questionamentos sobre a lei do terceiro excluído.

Gostaria de estar ao lado de qualquer destas coisas que foram excluídas, seja o diafragma que separa a parte de cima da de baixo ou seja lá o que for. Mais tarde espero poder falar sobre a parte excluída da psicanálise ou o que será excluído de seus consultórios amanhã quando vocês e seus analisandos se encontrarem. A parte excluída assume um grande papel e pode até nem ter emergido na teoria psicanalítica.

Notas

1 Referência ao famoso quadro de Claude Monet, feito em 1873, hoje localizado no Musée d'Orsay, Paris.

2 Petrouchka: ballet; música, Igor Stravinsky; coreografia, Michel Fokine; baseado no folclore russo sobre um fantoche feito de palha, tornando-se vivo, com capacidade de amar; a história aparece em outras etnias europeias, como a italiana, aproveitada por Carlo Collodi em *Pinnochio*.

3 Aqui jaz.

4 John Maynard Keynes (1883-1946), economista e historiador social britânico. Exerceu influência na macroeconomia pós-segunda guerra, apregoando necessidade de mesclar capitalismo estatal como capitalismo privado; seu pensamento inspirou Bion em outras obras, como *Transformações*.

5 Luitzen Egbertus Jan Brouwer (1881-1966), matemático holandês. Um dos criadores do Intuicionismo, que examinava possíveis rejeições de um dos postulados da lógica Euclidiana, o dos meios excluídos. As ideias brevemente colocadas neste seminário são expandidas no volume II de *Uma Memória do Futuro*, "O Passado Apresentado"

6 Arend Heyting (1898-1980) matemático holandês, aluno de Brouwer, desenvolveu aspectos da lógica intuicionista.

SEMINÁRIO DOIS

Roma, 9 de julho de 1977

P: *Anteriormente ao seminário de ontem, fiquei curioso para saber o pensamento do Dr. Bion sobre música. Estive refletindo sobre minha experiência analítica quando percebi que uma paciente preferia a música à análise e vinha tentando, com algum sucesso, encontrar música na análise também, pelos seguintes motivos: a música exclui as experiências visuais, especialmente as associadas ao espaço fóbico, sentidas como aterrorizadoras. Ela era capaz de dissolver as experiências aterrorizadoras de sons, agrupando-os numa melodia e usando apenas certos sons ou certos timbres limitados. Caso a música parasse, os sons assumiam uma qualidade aterrorizadora remanescente do terror das imagens visuais, quase corporais e tridimensionais de um espaço claustrofóbico. Atribuí esta possibilidade de ver imagens aterrorizantes, à sua fantasia de um olho Ciclópico, o terceiro olho mental do qual falam os psicólogos e que ela parece ver graficamente diante de si.*

Uma experiência com outro analisando me remeteu a Ulisses que se transformou em "Ninguém" para não ser visto e engolido por Polifemo. Pensei se o Dr. Bion acredita que possamos invocar uma percepção Ciclópica que tem a ver com a música e a análise, tal como demonstraram alguns psicólogos.

O Dr. Bion pensa que existe uma conexão entre tudo isso e a questão dos músicos que tocam sem ler as notas e outros ainda que só conseguem tocar caso tenham uma partitura diante dele?

Bion: Caso seu paciente seja músico ou se tem capacidades musicais, então é possível que na sala de análise você possa ouvir palavras *e* música. O problema do paciente não é simplesmente seu relacionamento com o analista. É óbvio que o analista é uma pessoa que o paciente só encontra por algumas sessões semanais e por um período limitado. Não se supõe que seja uma ligação permanente. Neste sentido, por que o paciente vem? Certamente não é por discordar do analista ou por gostar do analista, já que o analista não é uma pessoa de qualquer importância. No que se refere a nós o problema real é o desacordo do paciente com ele mesmo. A teoria psicanalítica que afirma que existem conflitos mentais é facilmente esquecida mas, de fato, é muito importante. No entanto, nesse relacionamento temporário, o que se pode ver é algo do relacionamento entre estas duas pessoas, o analista e o analisando.

Voltando ao relato do que aconteceu – e é isto o que torna esta espécie de debate sobre ele algo de importância secundária – o que aconteceria a vocês caso fossem bombardeados por palavras, tal como este paciente bombardeia seu analista? Suponha que o analista seja sensível ao que está vendo e ouvindo do paciente, o que teoricamente é o que se espera de nós. Pegando em primeiro lugar as palavras: quais são – no que se refere ao analista – as terminações nervosas que estão sendo estimuladas? Há uma ampla gama de estimulação do analista: as reminiscências de sua educação formal, o conhecimento da mitologia grega, o conhecimento ou a experiência com qualquer outra cultura. Ele agora está livre para mostrar quem ele é ao escolher, por exemplo, a mitologia grega ou uma teoria psicanalítica ou uma teoria psicológica. Assim, desse ponto de vista, o analista é convidado a expressar sua opinião de quem ele é.

E com relação ao acompanhamento musical dessa massa de informação verbal e de estimulação? O paciente está de fato oferecendo um espetáculo de uma experiência operística plena com palavras e música. O problema é, o que deve fazer o analista? Seja o que fizer, o paciente terá algo com o que prosseguir, algo que ele mesmo poderá então interpretar.

De novo, identificando-nos com o analista, o que se pode fazer quando se está sendo bombardeado com tamanha variedade de mitologia, história, história clássica e música? Há o ponto adicional de que o analisando provavelmente sabe que o analista tem formação médica e ele pode sempre estimular ou não, como quiser, o conhecimento médico do analista. Por exemplo, esse paciente em particular poderá apresentar sintomas corporais de uma enfermidade sanguínea. O que o analista tem de fazer quando sente que o paciente precisa de cuidados médicos e, ao mesmo tempo, o analista quer ser analista? Coloco esta questão porque aqueles que vivem numa comunidade bastante hostil poderão exultar em acusar o médico de erro por falhar em interpretar que o problema não era absolutamente mental e que o paciente tinha esta ou aquela enfermidade sanguínea. Tenho noção de que isso já aconteceu: um analista foi acusado de ter errado ao não fazer o diagnóstico de câncer e de ter continuado a análise, de acordo com o paciente, interpretando erradamente em termos psicanalíticos uma doença cancerosa que terminou por destruir o paciente.

Eu suspeitaria de todo esse "ruído" feito por um paciente que me bombardeasse tanto com tamanho volume de fatos. O analista pode ficar ensurdecido; ou permanecer cego, quando colocado em uma situação na qual fica impedido de usar seus próprios sentidos, em função do fato deles estarem, ou terem sido, em sua *totalidade*, bombardeados por estímulos sensoriais.

Suponhamos que o paciente denote sinais de uma doença física mas que não lhe dê muita importância. Penso que em tal situação eu diria: "Com relação à queixa física que você fez, você deverá, é claro, consultar seu médico. *Aqui*, no entanto, precisamos tratar de outra coisa". De todo esse vasto material a partir do qual sou convidado a escolher, gostaria de selecionar o que parece ser psicanaliticamente relevante para mim. Isto é muito simples enquanto teoria geral, mas na prática não é. Com tanta massa de informação o "ruído" é tamanho que não se consegue ouvir o ruído que deveria se ouvir. A impressão que isso cria em mim é de que, se eu estivesse submetido a essa experiência, a minha atenção seria dirigida à repetição dessa palavra "aterrorizadora" que ficava aparecendo. Eu suspeitaria fortemente que esses são os vestígios remanescentes de algo que eu consideraria como temor subtalâmico. Não estou usando esta frase como uma expressão de meu conhecimento médico, psicológico ou qualquer outro. No que se refere a mim é uma ideia que pertence ao que descrevi como "imaginação especulativa".

Isso bastaria para mim, mas não é suficiente que eu transforme as minhas impressões em uma teoria psicanalítica ou numa interpretação psicanalítica. Assim, gostaria de ouvir mais, e a condição mínima para eu analisar aquele paciente é que eu esteja autorizado a ficar em silêncio, porque não quero adicionar o meu ruído ao que o paciente já está produzindo. *Se* tiver a permissão de ficar mais tempo em silêncio, então talvez eu possa ouvir um pouquinho mais.

A situação em análise é ilusória porque aparentemente há apenas uma pessoa com o analista. Para mim foram úteis as minhas experiências com grupos – um grupo é quase como se fosse uma pessoa ou um caráter ou uma personalidade espalhada num espaço. Num grupo eu procuraria saber "quem é esta pessoa que está dizendo 'aterrorizada... aterrorizada... terrível'?" Analogamente, se eu fosse um médico eu gostaria de ver o corpo inteiro e daí talvez eu pudesse localizar um inchaço ou um rubor da pele e eu poderia indagar "Será algum tipo de infecção?" Quero dizer que no grupo poderíamos localizar, por assim dizer, a origem, a fonte da infecção.

Depois de empreender uma visão de grupo como a que descrevi, limitem o foco da observação. Neste momento eu estaria dando muito mais atenção a esse "terrível" e ouvindo a ocorrência, aparente, de apenas uma palavra. Eu teria a esperança, no entanto, se eu tivesse a possibilidade de permanecer em silêncio, de ser capaz de detectar uma certa similaridade entre todos esses "terríveis". E só quando eu considerasse que as coisas tinham avançado o suficiente para que eu julgasse que poderia formular a minha observação, eu a faria. Mas ignoraria todo o restante.

Há ainda, no entanto, a questão incluída nisso que é também a música. Os dois, em conjunto, talvez tornassem um pouco mais fácil ver ou reconhecer o foco da infecção, o ponto que de fato requer ser interpretado. Isto é muito mais difícil do que parece

36 SEMINÁRIO DOIS

numa conversa como essa. A experiência da prática da análise ou da prática da medicina ou da prática de qualquer coisa é muito mais difícil que o debate sobre ela.

> *P: Alguém me falou de uma instituição psiquiátrica na qual, durante certo tempo, um professor forneceu agasalhos vermelhos idênticos a um certo número de mães que seguravam seus bebês em seus braços até que, após algum tempo, os agasalhos foram recolhidos e colocados juntos num tapete. Em seguida todos os bebês foram colocados no chão, junto aos agasalhos, todos da mesma cor, e vários deles foram capazes de encontrar os de sua mãe, presumivelmente pelo cheiro. Também, o diretor da instituição, na qual trabalhei por muitos anos, vangloriava-se de poder identificar o estado esquizofrênico de um paciente pelo cheiro peculiar que ele ou ela emitia naquele estado. Eu nunca havia vivido isso e duvidava que fosse verdade até que um dia eu estava analisando um paciente esquizoide e perverso que tinha muita dificuldade para expressar alguns de seus sentimentos em palavras. Ocorreu que em algumas sessões, ele emitia um cheiro específico que me induzia a um estado como o de um sonho, no qual imagens bastante perturbadoras surgiam em minha mente. Menciono isso porque me parece que tivemos bastante o que falar aqui sobre comunicação não verbal.*

Bion: A comunicação não verbal é muito difícil de interpretar, transformar ou traduzir para o discurso articulado. Isso se aplica tanto ao analista quanto ao analisando. O analisando também acredita que terá de usar uma linguagem articulada com seu analista e ele não tem palavras para fazê-lo. Isso ocorre de diferentes maneiras. Aqui podemos abordar de novo, não só a respeito deste paciente especificamente, para identificar certas semelhanças entre esta espécie de comunicação e o paciente que responde com uma inundação de lágrimas. As lágrimas, tais como os sorrisos, não significam nada. Assim, o analisando está diante do problema de encontrar um método de comunicar o que ele quer dizer. Retomando uma visão narrativa da situação – do nascimento à morte – o olfato pode ser um dos métodos de longo alcance da comunicação. Assim, algum estágio de desenvolvimento do paciente, ou como diria em outras palavras, algum aspecto deste paciente no presente momento, ainda revela um remanescente daquele estado ou, o que me é forçoso denominar "um estado de mente". Onde está localizado esse cheiro? Do ponto de vista anatômico e fisiológico somos capazes de produzir toda sorte de teorias baseadas no nosso conhecimento de embriologia e assim por diante, mas, ignorando isso no momento, de onde vem o cheiro com essas duas – aparentemente – pessoas na sala? Falo "aparentemente duas pessoas" por causa da dominância do que poderíamos chamar de um ponto de vista racional – há apenas duas estruturas anatômicas na sala. Mas, é difícil saber quantas mentes ou personalidades existem alí e qual delas é a fonte daquele odor.

Cedendo novamente à imaginação especulativa, diria que para esse paciente é extremamente difícil dizer que ele vem para ser nutrido mentalmente. Caso ele pudesse remobilizar seus recursos extremamente primitivos talvez pudesse farejar o local em que ele espera encontrar nutrição mental. Suponhamos, no entanto, que ao mesmo tempo, o paciente tenha receio de produzir um cheiro que *o* tornaria localizável a ponto de que algo o pudesse atacar. Assim sendo eu suspeitaria que às vezes ele tem medo de ser devorado e

38 SEMINÁRIO DOIS

que às vezes teme que o analista possa perceber que *ele* está sendo fonte de alimento, sendo usado para fornecer nutrição mental.

Então por que ele não diz? Por que não diz que ele quer uma análise, que ele quer satisfazer suas necessidades emocionais ou intelectuais? A resposta óbvia seria "porque ele não consegue". O discurso articulado que pode ser compreendido por outra pessoa e que o paciente pode entender não lhe está disponível. Então ele teme que será impossível obter a ajuda que ele deseja do analista. Na verdade, esse é um estado bastante comum. Ainda me surpreendo com a escassez de pacientes que acreditam que algum alívio possa ser obtido. O mesmo se aplica aos analistas: eles não percebem qualquer evidência de que o tipo de conversa que acontece na análise será satisfatória para alguém ou qualquer coisa. Leva um bom tempo até ficar claro que, de fato, o relacionamento analítico rende uma experiência que é nutritiva para ambas as partes.

A mesma coisa se aplica ao paciente que repete "terrível, terrível". Tudo isso é dito com uma vaga esperança de que possa surgir alguém ou alguma coisa que compreenda o que ele está comunicando e possa fornecer a nutrição mental correta. Nos arriscamos com as incertezas sobre a possibilidade do paciente de vir à análise por tempo suficiente para descobrir se ela vale a pena.

Essas coisas tem algo de generalização. A cada dia, a cada associação livre, estamos lidando com um pouco dessa história fundamental. De um lado há o problema de como encontrar algo nutritivo sem ser devorado no processo; por outro, como informar uma pessoa que ela está aterrorizada, especialmente numa situação na qual talvez não haja ninguém. Dessa forma, ambos os pacientes recorrem a um método de comunicação um tanto quanto obscuro, primitivo e incompreensível. Eles poderão sentir "bem, nada resulta disso mas não tem importância. Não está pior do que era antes."

Mas, se o analista foi capaz de oferecer interpretações suficientes a ponto de levar o paciente a pensar que há alguém que o compreende, o terror é liberado.

Para tornar esse ponto mais claro proponho a seguinte imagem: um grupo de cinco pessoas sobreviveu a um naufrágio. Os demais passageiros morreram de fome ou caíram da embarcação no mar. Os sobreviventes não tinham medo algum, mas ficaram aterrorizados quando cogitaram que um navio se aproximava. A possibilidade de salvamento e a possibilidade ainda maior de que suas presenças não seriam percebidas na superfície do oceano foi o que os aterrorizou. Anteriormente, o terror estava afundado, por assim dizer, nas profundezas opressivas da depressão e do desespero.

Assim o analista, no meio dos ruídos da angústia, da falha da análise, da inutilidade desse tipo de conversa, ainda precisa ser capaz de ouvir o som desse terror que indica a posição de uma pessoa começando a ter esperança de que poderá ser resgatada.

Consideremos esse paciente que fareja que o analista possa alimentá-lo mas também que possa devorá-lo. Ou em termos mais racionais: o analista irá compreendê-lo? Ou o analista irá trancafiá-lo num hospital psiquiátrico do qual ele jamais escapará? Qual será a interpretação? Essa, bastante sofisticada, que diz: "Você tem medo de ser trancafiado num hospital psiquiátrico"? – sendo que nesse caso ele pode não entender porque o analista está falando dessa maneira ou o que isso tem a ver com o que ele está falando. Tal questão só pode ser decidida pelo analista ou pelo analisando, ou ambos, porque é uma posição extremamente sutil. É por isto que não gosto de apelar para teorias que estão fora de contato com o paciente real e com a experiência real. Diria novamente que quanto mais o analista aprecia a circunstância extremamente rica de uma sessão real à qual o paciente comparece,

40 SEMINÁRIO DOIS

maior a chance que ele poderá ter de decidir: "não darei essa interpretação, darei outra".

Se disser que ele tem medo de ser trancafiado num hospital, esse paciente aterrorizado pode se assustar a ponto de não conseguir prosseguir a sua análise. Ou se disser que ele não possui o sentido do olfato, a situação seria igualmente sem esperança. É preciso dar uma interpretação que dê ao paciente uma possibilidade de saber que ele foi compreendido e uma possibilidade de sentir que ele não será encarcerado ou devorado.

Isso deve-se, em parte, ao fato de que, graças à fala articulada, aparentemente estabelecemos um contato, uma relação verbal. Assim, o paciente que tem tais experiências aterrorizadoras pode temer que o terror se transmita ao analista e se ele, o paciente, não sair correndo, o analista então o fará. Voltando à experiência com grupos, posso dizer que o paciente tem medo de uma situação que possa evoluir, ou para luta, ou para fuga, e que pode ser expressa em níveis sofisticados da mente do analista que diz, "bem, acho que você está curado" e encerra – ou em outras palavras, foge – ou se enraivece – e diz "não seja tão tolo, não seja tão ridículo".

Penso ser necessário interpretar o relacionamento do paciente com ele mesmo. Ele não está simplesmente com medo de ser devorado pelo analista ou pelo hospital: ele está com medo de ser devorado por *si mesmo*. Por exemplo, suponhamos que o paciente considere que a masturbação tenha um efeito tranquilizante e que a ansiedade é de alguma forma aliviada pela estimulação de seus próprios genitais. Surge então o temor de que os prazeres da masturbação irão tomar conta dele, de que ele enlouquecerá – um temor muito comum que encontramos quando as pessoas são capazes de expressar sentimentos de medo de enlouquecer mas que geralmente não sabem o porquê. Em geral isso remonta ao medo de uma experiência prazerosa ou gratificante.

Voltando ao assunto que falei ontem: a importância da capacidade do analista de fornecer o espaço no qual ele possa se desenvolver. Qualquer que seja o universo teórico da sua preferência, vocês devem também levar em consideração se há espaço para a sua própria expansão. Vocês não devem ter medo dessas imaginações especulativas e dessas razões especulativas que são muito vulneráveis e que podem ser destruídas por uma suave inclemência do clima, por assim dizer. Se perceberem que estão especulando ou imaginando que tal ou qual história é relevante, devem se permitir acolher essa especulação com a esperança de que ela possa crescer e se transformar numa ideia comunicável.

> *P: Posso perguntar ao Dr. Bion se a metodologia que sugere, que envolve algo em constante estado de renovação e fermentação ou em outras palavras in statu nascendi, pode estar ligada à tradição oriental ou se tem algo em comum com ela? Estou pensando no tipo de ensinamentos que os gurus ou yogis passam para os seus seguidores. Afinal, o que aconteceu antes me foi muito sugestivo disso.*

Bion: Espero que sim porque desconfio de um método de tratamento que de repente brota do chão ou do céu. Não sei por que, mas tenho algo parcial no sentido de reconhecer minha dívida para com os meus ancestrais. Acho que não vou me importar se for acusado de culto aos ancestrais. Eu gostaria de poder reconhecer alguma gratidão aos meus antepassados.

Tomemos um habitante ancestral desta cidade que diz: "Vixere fortes ante Agamemnona multi, sed omnes illacrimabiles urgentur ignotique longa nocte, carent quia vate sacro" (Antes mesmo da

42 SEMINÁRIO DOIS

Agamenon, muitos e muitos corajosos viveram; mas adentraram
à longa noite sem menções nem sagrações, sem um poeta para
honrá-los – Horácio, *Odes, IV:9). É alentador considerar que as
nossas brilhantes teorias psicanalíticas não são necessariamente
uma barreira que, mesmo assegurando a nossa superioridade
sobre nossos ancestrais, nos desconectam deles para sempre. Não
tenho queixas sobre a satisfação resultante de um sentimento de
sucesso ao alcançarmos um insight analítico mas é uma grande
pena se o insight se tornar calcificado ou fibrosado numa espécie
de diafragma impenetrável que nos separa para sempre de nossos
ancestrais. Se Horácio era capaz de reconhecer a existência de
poetas muito anteriores a ele, creio que não há prejuízo em reconhecer a existência de nossos predecessores, mesmo que nunca
se tenha ouvido falar deles.

> *P: Me alegra que, apesar de ontem o Dr. Bion ter sugeri-
> do que busquemos um objetivo, hoje ele nos deu algumas
> coordenadas, algumas posições para nos ajudar a obter
> as nossas orientações. Então pensei – voltando às pessoas
> da embarcação – se a ideia da perspectiva reversível po-
> deria ser algo que lhes fosse útil. Seria como fornecer a
> elas um instrumento óptico que lhes permitissem enxer-
> gar mais, em vez de mostrar-lhes um objeto. Vou dar um
> exemplo: num grupo houve uma situação que perdurou
> por talvez umas dez sessões, nas quais uma moça ficou
> ofegante durante a totalidade das duas horas da sessão.
> Na época tudo estava opaco para mim, mas a partir do
> que está sendo dito me parece que o que era necessário
> era encontrar um modo diferente de ver a situação, ou,
> de qualquer forma, de antes de mais nada superar a mi-
> nha incapacidade de pensar. Mais tarde, quando me dei*

conta de que tinha a ver com covardia, achei que poderia sugerir ao grupo que devesse encarar a situação não do ponto de vista médico ou como se fosse um sacrifício, mas sim em termos da impossibilidade de desenvolvimento numa dimensão de passado e futuro. Eu simplesmente queria acrescentar que isso é uma tentativa de se comunicar.

Bion: A situação analítica estimula sentimentos muito primitivos inclusive os sentimentos de dependência e isolamento. Ambos são sentimentos desagradáveis. Por esse motivo não é muito surpreendente se um membro do par, e provavelmente ambos, estejam cientes de que a balsa psicanalítica à qual se agarram no consultório – lindamente dissimulada é claro, com poltronas confortáveis e todas as comodidades modernas – é todavia uma embarcação muito precária em um mar tumultuado. Além das várias teorias e interpretações às quais o analista dá expressão, tem de haver uma conscientização de que as duas pessoas estão, na verdade, engajadas numa aventura perigosa. Há sempre uma tendência de se agarrar a algum material – como uma teoria ou uma ideia psicanalítica – como uma espécie de colete salva-vidas que ajudaria a ambos a continuarem sentindo que ainda estão vivos e flutuando. Entre os destroços frequentemente está a ideia de "cura"; agarramo-nos fervorosamente ao último bocado de cura disponível para ficarmos à tona. Isso é algo a que o analista deveria ser capaz de resistir porque, embora possa ter um efeito curativo temporário, se isso se repete constantemente torna-se um vício – o par se vicia em curas. E há muitas espécies de cura flutuando nessa esfera peculiar que nos concerne. Portanto, é bom se o analista, na medida em que se identifica com a pessoa responsável, resiste a estas muitas curas baratas que podem ser usadas para construir estruturas elaboradas até que, antes que se saiba onde se está pisando, a embarcação que

44 SEMINÁRIO DOIS

é feita de pedaços de destroços se transforma em um sistema ilusório que é um verdadeiro *Titanic*. Como todos sabemos o *Titanic* era inafundável, era o navio mais moderno, mas bateu num fato e esse fato o afundou.

Na matemática as linhas, círculos e assim por diante foram profundamente modificadas pelas suas versões em vetores, direções. Sugiro o seguinte: consideremos à guisa de discussão que a presente experiência é um fato. Fazendo um percurso inverso a partir de imaginações especulativas ou razões especulativas: podemos voltar ao sonho que ainda não tivemos, ao sonho desta noite, o sonho que se origina no fato desse encontro? Se pudéssemos fazer isto então estaríamos na posição de rastrear o percurso de pensamento que poderia explicar como aconteceu que todos nós viemos parar nessa sala agora. Esse "fato" deveria ser classificado como "incrível". Se alguém escreveu ou pudesse escrever a história de cada indivíduo participante deste encontro e dizer que eles se encontrariam nesta sala, neste hotel em particular, nesta data e hora em particular, qualquer um que lesse essa história só poderia dizer: "que ridículo!". Não há história tão inacreditável quanto a verdadeira.

> P: *Após o comentário sobre a questão dos ancestrais e a citação de Virgílio e assim por diante, me vi pensando sobre a citação de ontem de Freud, na qual ele parecia enfatizar a continuidade entre a vida intrauterina e a infância precoce, mais do que a cesura do nascimento, na qual foi colocada uma grande ênfase.*
>
> *Mas na apresentação de ontem do Dr. Bion, quando ele mencionou o conceito de Otto Rank de trauma do nascimento, pensei que ele estava sugerindo que nós estamos "impressionados demais pelo trauma do nascimento".*

Neste ponto discordei com o tradutor simultâneo que interpretou que não estamos suficientemente impressionados pelo trauma de nascimento. O sr. poderia ampliar esse ponto, sendo que não quero fazer muito ruído?

Bion:Acredito que eu não estava enfatizando nem o estar impressionado nem o não estar impressionado pela cesura do nascimento. Quis sugerir que a cesura do nascimento, o fato anatômico e fisiológico, possui um efeito dominante no sentido de decidir se a mente também nasce no momento do nascimento fisiológico.

Quando se está no estado de mente da pessoa que está vigil, com todos os sentidos em alerta e consciente, que relação existe entre o que se *diz* que se sonhou, com a experiência que se teve quando em um estado diferente de mente, a saber, o estado de mente durante o sono? Às vezes sou informado de que o paciente teve um "sonho" e que tal e qual fato aconteceu. Não estou tão certo que "de fato" o paciente sonhou aquilo, nem tenho tanta certeza que os "fatos" aconteceram como ele os descreveu. Podemos nomear isso de muitas formas: sonho, delírio, alucinação e assim por diante. As palavras se tornaram tão deturpadas que elas estão virtualmente sem significado e se um significado for atribuído a elas, tal significado é praticamente inútil. Assim, não é surpreendente se o paciente de quem falamos pensa que há muito a ser dito sobre a música. Podemos às vezes nos perguntar por que um paciente nos procurou e por que ele começa a falar sobre algo. Pode ser útil, nessa jornada ter um analista, que segundo o paciente, pensa isto ou aquilo – é um relacionamento entre duas pessoas. Mas na verdade é um relacionamento que o analisando tem com o analisando. O embrião altamente inteligente vê e vivencia seja o que for que vê e vivencia; o homem ou a mulher altamente inteligente também oferece um relato muito convincente sobre o que está acontecendo.

46 SEMINÁRIO DOIS

Uma dificuldade surgiria se por algum acaso pudéssemos apresentar essa pessoa pós natal que é altamente inteligente ao altamente inteligente embrião que poderia contar histórias muito diferentes, narrativas diferentes sobre os mesmos fatos. Se o "inafundável" Titanic pudesse se encontrar com seus passageiros, aqueles que ele afundou, me pergunto qual seria o diálogo. Caso tivessem se encontrado *antes* daquele fato infeliz eles poderiam dizer: "Tive um sonho aterrorizador". Ao que poderíamos responder: "Não seja tão tolo, foi apenas um sonho". Deixo aos senhores imaginarem o que eles diriam *depois*.

SEMINÁRIO TRÊS

Roma, 10 de julho de 1977

P: *Gostaria de perguntar ao Dr. Bion a respeito de suas ideias sobre contratransferência. Parece-me que este é o tipo particular de ruído na mente do analista que pode ser captado na experiência psicanalítica. Pergunto se contratransferência também pode conter elementos musicais e se isso acontece, se deveríamos ajustar as nossas mentes tal como um sistema de alta-fidelidade que não apenas consegue extrair o sinal do ruído, mas também funciona como uma câmara de ressonância e nos permite obter a gama total dos estímulos acústicos, mesmo que isso signifique perder a clareza da melodia.*

Bion: A ideia da transferência e da contratransferência tem sido extremamente produtiva, provocativa e estimuladora de crescimento, mas como qualquer ideia realmente boa, como qualquer

48   SEMINÁRIO TRÊS

coisa que provoque ou estimule o crescimento, ela se torna imediatamente desatualizada. Quando as pessoas são expostas à experiência analítica pela primeira vez, elas não compreendem o que é essa experiência ou como se denomina. O analista também não diz "você está vivenciando transferência para com a minha pessoa" pois isto é um termo técnico útil para as pessoas que já tiveram a experiência de treinamento psicanalítico. Após algum tempo, no entanto, o principiante começa a entender que o analista está chamando a atenção para uma experiência real que ele está tendo. Se estiver se tornando um analista, poderá alcançar um estágio no qual poderíamos dizer "é isso o que queremos chamar de transferência, isso é uma manifestação transferencial". O sentimento de que sou seu pai ou mãe pode ser comparado a outras ideias que esta pessoa possui: poderá juntar a ideia de que sou sua mãe ou pai *e* a ideia de que sou um estranho que não conhece. Daí você poderá decidir por si mesmo quem ou o que realmente pensa que sou, essa tarefa é desta pessoa. Dessa forma nasce uma nova ideia. A ideia que você tinha antes, qual seja, que eu tenho um vínculo sanguíneo consigo, um pai ou uma mãe, é transitória: é uma ideia temporária na jornada de qualquer vida humana que se considere. Desse ponto de vista o termo 'transferência' pode ser visto como tendo uma semelhança com o uso comum. É uma ideia que você tem 'durante o percurso' – você a transfere para mim como medida temporária em seu percurso para chegar ao que realmente pensa ou sente. Ao mesmo tempo, a nova ideia que você tem é temporária e será descartada mais cedo ou mais tarde. É uma dessas etapas em sua jornada particular onde você para. Se puder olhar para estas várias ideias que você tem no decurso desta experiência comigo, você poderá ser capaz de traçar uma espécie de mapa que mostra as estações de sua jornada do ponto A ao ponto Z. Onde você está agora, acabando de ver essa etapa, é um ponto que já está desatualizado".

WILFRED R. BION   49

Consequentemente diria que é pouco compensadora a ideia de mencionar transferência e de contratransferência a esse público. Isso seria adequado se estivéssemos interessados em escrever a história da psicanálise. Aí então seria interessante dizer que "transferência, como definida por Freud é ... transferência como definida por Abraham é ... transferência como definida por Melanie Klein é ...". Em suma, posso entregar-lhes uma Enciclopédia da Psicanálise. Vocês encontrarão todas as definições formuladas ali se quiserem conhecer a história. Mas se estiverem, na verdade, tendo uma experiência psicanalítica, isto será algo diferente.

Perguntaram a Nansen[1] "Como chegou ao Polo? Sua resposta, desenhada no quadro negro: Tomei a seguinte rota". Isso é uma representação gráfica de como Nansen descobriu o Polo Norte. Aí está o mapa. Apesar do fato de que eu tenha acabado de ter um excelente jantar, Nansen desenhou muito melhor que eu... Quando estamos experimentando uma análise real, não teremos tempo para este tipo de coisa. Não há tempo para se ter esse tipo de discussão. Uma vez que o paciente começa a entender o que é a experiência analítica, modifica-se rapidamente aquilo que tal paciente pensava ou sentia no início de uma frase. Tais pensamentos ou sentimentos ficam desatualizados no momento em que terminam de ser pensados ou sentidos. Por este fato, de que no exato momento em que analistas ficam satisfeitos de que o paciente está de fato se desenvolvendo também é bom ser capaz de esquecer o que sabem e de descartar o que querem que aconteça. É difícil livrar a mente de sua carga de experiência. Estamos sob o risco de frear o paciente quando nos agarramos a ideias desatualizadas. Resulta disso nossa incapacidade em apreciar o progresso do paciente em direção a alguma outra ideia.

Como disse ontem, penso que também é bom sermos capazes de reconhecer a nossa dívida para com nossos ancestrais, nossos

50 SEMINÁRIO TRÊS

ancestrais mentais. Ser-nos-á, enquanto analistas, muito adequado sabermos o que se queria dizer com "transferência" e "contratransferência" ao serem usados por Freud, Abraham, Melanie Klein ou qualquer outro, mas apenas se, ao mesmo tempo, aprendermos a esquecer tudo isso de modo a estarmos abertos para o próximo movimento feito pelo paciente, a próxima estação de parada, por assim dizer.

O paciente que possui uma ancestralidade genética bem-dotada – um pai e mãe muito inteligentes – é o produto do que os biólogos chamam de "relacionamento sexual" entre aqueles pais específicos e que, portanto, se desenvolve a partir de um embrião que possui cromossomos derivados de ambas as partes. Se o desenvolvimento acontece de modo adequado em termos físicos, então ele pode se realizar nos termos de um tipo de herança. No entanto, se existe alguma coisa como uma mente ou espírito ou alma, isso poderá não seguir as mesmas leis de hereditariedade de Mendel. Como psicanalistas que acreditam na existência de uma mente temos então de considerar quais as leis da hereditariedade da mente. Provisoriamente, transitoriamente, na busca de algo melhor gostaria de sugerir algo como "fenótipos" contrastados a "genótipos". Ao supormos algo desse tipo poderemos ser capazes de elaborar leis, hereditariedade e características adquiridas que, de acordo com a teoria de Mendel, não são transmitidas. Pressuponho a existência de imaginação especulativa e razões especulativas para o desenvolvimento precoce de características mentais e que, como já sugeri, têm uma forma diferente daquela forma atribuída para herança de genótipos.

Cada um de nós teria dificuldade para escrever a sua ou seu percurso mental e herança mental. Quem ou o que foram nossos ancestrais? Não quero saber de seus ancestrais genéticos, mas sim sobre outros ancestrais. Seria possível olhar um caráter ou personalidade, esta coisa estranha que, tenho certeza, existe? Estou convencido, a partir da minha experiência, em parte como analista mas como um todo, através da vida, de que *existe* algo como um caráter ou uma mente. Não penso que sou sempre afetado pela aparência física da pessoa, embora, graças à predominância do nosso órgão sensorial, visão, o elemento cosmético pode assumir um grande papel. Poderemos ser imediatamente afetados pelo sentimento de gostar ou desgostar de uma pessoa. Não precisamos sequer nos aprofundar mais do que um tocar a pele de alguém, literal ou metaforicamente: "não gosto daquela pessoa, pois ela é branca ou negra". Seria ridícula a situação de um médico se recusar ao exame de um paciente caquético ou que denote sinais de inflamação ou icterícia. Espera-se que nós médicos, não tenhamos tal visão preconceituosa sobre aquilo que o corpo nos diz, pelo fato de que se pressupõe que nosso exame daquele corpo vá além do superficial. A situação não é muito diferente quando estamos interessados na mente humana, no caráter ou personalidade. Se somos sensíveis a esta suposta "coisa" será irrelevante o fato de que não gostamos daquela pessoa, ou de seu caráter ou de sua personalidade. Supõe-se, todavia, que conheçamos mais sobre o caráter ou a personalidade, quer gostemos dela ou não.

Como analistas temos que obter disciplina para uma situação na qual, sejam quais forem os fatos, não permitamos que eles nos afugentem ou, o oposto, que nos apaixonem. Pressupõe-se que mantenhamo-nos analistas. Não somos obrigados a nos tornar pessoas desumanas que não podem amar ou odiar: pressupõe-se que tenhamos a capacidade de termos sentimentos de amor e ódio e todos os outros sentimentos que os acompanham, mas, ao mesmo tempo, pressupõe-se que nos mantenhamos disciplinados. Tomo o exemplo extremo de um campo de batalha: espera-se que um oficial não tenha medo, no entanto, isso não significa que este oficial não capte o perigo existente na situação, e nem ainda

52   SEMINÁRIO TRÊS

que fique tão eufórico por uma vitória, a ponto de concluir que a guerra já tenha terminado. Essa é uma razão pela qual sugeri no seminário anterior, de que estamos em todo lugar cercados pelos destroços das curas – os restos dos destroços do desastre no qual alguém foi abatido pela cura, abatido por seus desejos, iludido por suas esperanças e temores, seja qual for a parte que está à mostra acima da superfície, tal como ocorre com um iceberg. Como diz o poeta (Arthur Clough (1819-1861)): "As esperanças sendo enganosas os temores podem ser mentirosos".

Temos algum sistema de coordenadas que poderá nos dar uma ideia de onde estamos, de onde está o par – o analista e o paciente? Quando elaboramos histórias narrativas, podemos ter uma ideia do desenvolvimento da pessoa ao tomarmos dois pontos, A e B, e a direção seria de A para B. Poderemos denominar esses dois pontos, A e B, de "reais e diferentes". Suponhamos, no entanto, que estes dois pontos sejam móveis e que, portanto, podem se mover ao redor da circunferência de um círculo e se tornar "reais e coincidentes". Se tentarmos envolver os dois pontos que são reais e coincidentes poderemos dizer duas coisas a respeito deles: que se encontram e que traçam uma linha que pode ser chamada de tangente.

Tomemos estas duas pessoas, o analista e o analisando que se encontraram em um ponto. Não sei qual rota espiritual o analista tomou: a jornada que sua mente tomou entre o ponto no qual se supõe ter ocorrido sua existência e o ponto no qual tornou-se coincidente com uma personalidade totalmente diferente – coincidente e real. Suponhamos que estes dois pontos sigam em suas jornadas: o analista e o analisando continuam a viver e não se detêm na psicanálise. Não param neste ponto no qual são reais e coincidentes. Aprendi a chamar isto de "complexo conjugado". Quando aprendi tal denominação, não tinha, e ainda não tenho, qualquer ideia específica a respeito de como traduzi-la. Estou feliz com minha descoberta, de que mesmo a minha tradutora precisou hesitar por um momento. No entanto, uso palavras "complexo conjugado" como pontos imaginários. Estou seguro, e espero que haja um matemático aqui que possa me informar mais corretamente, de que esses pontos imaginários ainda obedecem às leis que regem pontos reais. Desse modo penso que deveríamos considerar de que se constitua como algo real, que o analista e o analisando continuam existindo, mesmo quando uma análise terminou, quando esses dois pontos que são reais e diferentes, reais e coincidentes no consultório do analista, continuam em um espaço a respeito do qual eu não sei nada, porque aquela mente que não está mais em contato comigo já se retirou, e não tenho a menor ideia ou noção, para onde essa mente se foi.

> P: Pensando nesta alquimia das existências humanas e nos encontros entre os pensamentos pergunto se o Dr. Bion pode explicar-nos algo sobre o papel da necessidade humana de conhecimento, o que penso que ele chama de K e, em segundo lugar qual é a parte representada no paciente pela necessidade de expressar a alguém o seu desejo de conhecimento?

Bion: Suspeito que isso seja vestígios de características fundamentais que ainda não foram destruídas – seja pela incapacidade de tolerar a ignorância ou pela incapacidade para tolerar a resposta. O problema da curiosidade é sua possibilidade em provocar uma resposta. Pelo que sei de mim mesmo o perigo ao qual qualquer pessoa se expõe ao me fazer uma pergunta é uma outra torrente de perguntas. Resisto à tentação de dizer "sim, conheço tudo sobre transferência, sobre contratransferência". Em parte, sou

54 SEMINÁRIO TRÊS

auxiliado pelo fato de que *não* conheço. O quadro sobre o qual Nansen demonstrou sua rota ao Polo Norte não me diz, e eu nunca conheceria como é ser um Nansen vagando por locais desolados do Ártico. Sei apenas um pouco sobre o que sinto quando estou vagando na esfera da mente humana. Esperamos que seja uma esfera relativamente limitada, nem tão perigosa quanto, talvez, vagar pelas esferas da onisciência ou da onipotência. Há várias imagens pictóricas, imagens narrativas, fábulas, nas quais se supõe que a tentativa de provar da fruta proibida da Árvore do Conhecimento despertou ira perigosíssima de onipotência e onisciência. Ao sermos dominados ou motivados pela curiosidade, pelo nosso desejo de saber, parece que praticamos uma atividade perigosa, especialmente se nos depararmos com uma outra mente que possua características de onisciência ou onipotência. Milton questionou, "quem ousou desafiar Deus, o Onipotente, para recorrer às armas"? ("who durst defy th'Omnipotent to arms"); Paraíso Perdido, livro I. Como analistas podemos sempre estar incorrendo no risco de questionar quem quer ou o que quer que esteja investido de autoridade. Não é apenas a investigação psicanalítica que fica sob suspeição, mas também qualquer atividade capaz de ser vista como nos equipando para desenvolver tais mentes ou instrumentos, na medida em que nos dispomos a efetuar investigações no desconhecido.

> P: *Retomo a imagem do Dr. Bion do par analítico que se encontra num certo tempo num ponto real e coincidente e que mais tarde se separa de forma que cada um, por assim dizer, sai numa tangente: Dr. Bion diz que o par, todavia, continua a existir, mas ele não sabe como nem onde. Pergunto se o que acontece é a transformação de um relacionamento que, entre o analista e o analisando é um relacionamento de objeto e se este objeto que sai*

*numa tangente torna-se mais tarde um objeto espacia-
lizado, se é transformado em uma área ou um espaço.
E isso se aplica tanto ao analisando quanto ao analista.
Em outras palavras eu queria perguntar para Dr. Bion:
qual a relação existente entre um relacionamento com
um objeto real e outro com um objeto espacializado?*

Bion: Duvido que qualquer um de nós jamais saberia qual seria a razão de sermos tão efêmeros, de termos uma vida tão curta.
Supõe-se que todos nós formando este nosso grupo aqui, já temos alguma existência anterior a esse encontro ocorrendo agora
mesmo. Podem aplicar qualquer número de anos a esta existência
anterior se considerarem que algum calendário lhes forneça uma
medida adequada em que possam se fiar. No entanto, poucas órbi-
tas da Terra ao redor do Sol constituem um método insignificante
para medições de tempo. Da mesma forma, também será insignificante uma medição da distância entre Los Angeles e Roma.
Mensurações tanto do espaço quanto do tempo simplesmente são
inadequadas. Estas duas "coisas" – preciso pegar emprestado da
linguagem utilizada para objetos materiais – saem do consultório
e vão para o espaço e para o tempo. É muito difícil encontrar uma
coordenada de espaço geométrico: levou centenas de anos até que
as coordenadas cartesianas fossem concebidas e ainda assim, tal
concepção deu-se acidentalmente. As coordenadas de tempo e espaço em que essas duas personagens ou almas ou personalidades
são lançadas – novamente não sou capaz de dar um nome adequado a eles – são muito difíceis de serem descritas. Até mesmo nossa
imaginação não está livre se tentarmos imaginar o que estaria ocupando esse espaço aqui, no tempo relativamente insignificante de
dois mil anos atrás, ou quem ou o que estava ocupando o que agora
chamamos de "Roma". O mesmo se aplica a esse espaço que é ocupado por "Roma" e em o que ele se tornará daqui a dois mil anos,

o que, como digo, é um lapso de tempo relativamente insignificante. No que se refere ao espaço absoluto, os astrônomos imaginam que o sistema solar terá completado a sua jornada quando tiver feito uma volta ao redor do centro da galáxia. A estimativa mais recente de que ouvi falar é a de que o diâmetro é algo por volta de 10^8 milhões de anos-luz, o que leva um tempo bastante longo para percorrer. Ainda assim suponho que possamos adicionar um minuto de conhecimento a esse problema de coordenadas através do qual poderíamos traçar o curso destas duas pessoas quando saem do consultório.

Quero dar um exemplo retirado de uma conversa de Hugh Kenner com um homem comum, um camponês, nascido em Warwickshire.[2] É algo que tenho usado frequentemente para ilustrar aquilo que estou lhes dizendo, hoje. Kenner exclamou: "Que lindos, seus dentes-de-leão"! O camponês teria respondido: "São lindos! Chamamos estas plantinhas de meninos e meninas de cabelos loiros; quando caem as pétalas destas flores, mudamos seu nome, para limpadores de chaminés". Hugh Kenner conhecia a canção de *Cymbeline:* "todos os mocinhos ou mocinhas, mesmo os alourados/vão virar cinza" ("Golden lads and girls all must,/As chimney-sweepers, come to dust."). O camponês de Warwickshire, mesmo sem ter obtido educação formal, usou linguagem comum na época de Shakespeare; que podia estar uma observação banal, no aviso de que "limpadores de chaminés tornar-se-iam acinzentados". Não faço a menor ideia daquilo que Shakespeare estivesse pensando, mas...

> (a gravação magnetofônica em áudio foi interrompida, e nunca retomada. Não houve memorização do restante do seminário)[3]

Notas

1 Fridtjof Nansen (1861-1930), norueguês afamado por expedição ao Polo Norte (1893), que capturou a curiosidade e interesse na civilização ocidental durante a infância de Bion.

2 Hugh Kenner (1923-2003) e Warwickshire: referência dupla, ao reconhecido crítico literário e ao condado no interior da Inglaterra, onde se localiza Stratford-on-Avon, cidade hoje intrinsicamente ligada à herança de Shakespeare. Boa parte do conteúdo deste seminário apareceu sob forma mais teórica em *Transformações (Transformations)* e depois foi reproduzido, sob forma dialógica, em *Uma Memória do Futuro (A Memoir of the Future)*. Segundo pesquisa por um dos revisores técnicos deste livro, efetuada em 1981-1985, incialmente por leitura de *Uma Memória do Futuro*, para confecção de livros introdutórios a esta obra (publicados em 1988, em português, e em 2015, em inglês), e confirmadas por investigação de campo, em 2005, nas notas de rodapé de livros de Kenner de propriedade de W. R. Bion, depois conservados na biblioteca de Francesca Bion, tornou-se possível constatar o extenso uso, sob vértice psicanalítico, por Bion sobre pesquisas de Kenner realizadas sob vértices histórico-literários e de crítica literária, a respeito de contribuições poéticas e literárias de Ezra Pound, James Joyce e também sobre autores favoritos para Bion, William Blake e William Shakespeare. O leitor pode consultar, por exemplo, *Transformações*, capítulos seis e sete; *Uma Memória do Futuro*, livro dois, "O Passado Apresentado", página 246 da edição de 1991, Karnac Books. A referência ao dentes-de-leão liga-se a outras memórias de infância e adolescência de Bion, sobre aulas de botânica em Oxford; aos versos de Blake em *Cymbeline* sobre a tragédia de imposição à infância de trabalhos forçados, de limpador-de-chaminé (também retratada por Charles Dickens) aparecem em *Uma Memória do Futuro* e também no primeiro volume de *Fim de Semana Prolongado (The Long Week-End)*. A referência ao aloirado torna-se cinza – indiferenciado – deve-se tanto ao aspecto concreto, de uma criancinha enfiada em uma chaminé, para limpá-la, como à morte, no caso precoce por intoxicação pulmonar; *come to dust* é expressão do senso comum para o fim da vida.

3 Em conversa com Parthenope Bion-Talamo (1997), houve a possibilidade de confirmação das inferências de um dos revisores técnicos deste livro, sobre a relação de memórias de infância de Bion e o conteúdo deste seminário, mencionadas à nota 2, acima.

SEMINÁRIO QUATRO

Roma, 13 de julho de 1977

Bion: Há uma vantagem no meu desconhecimento da língua italiana: há um engano quando pensamos *conhecer* italiano. Os pacientes *parecem* falar francês ou inglês ou italiano. No entanto, aquilo que *nós* precisamos ouvir não é nenhuma destas línguas. Acho difícil dizer qual seria a língua que precisamos escutar. O mais próximo que consigo é: a língua que Freud chamaria, "o inconsciente".

Observei recentemente que o Dr. Matte Blanco expressa com muita clareza essa questão quando menciona o fato peculiar de Freud às vezes falar sobre "o inconsciente" e em outros momentos referir-se a algo como "inconsciente". São duas coisas diferentes. Além disso já vi material que parece nunca ter sido o que Freud teria chamado de "consciente". A Dra. Segal descreveu a situação de um paciente afirmando sobre a obviedade do fato de que alguém, ao tocar violino, está se masturbando. Percebi em um paciente o uso de sua própria mente como se ela estivesse ao avesso;

ou seja, como roupas usadas ao avesso: aquilo que deveria estar dentro, ficava fora. Voltando à linguagem metafórica: posso dizer que o paciente se comportava como se seu inconsciente estivesse do lado de fora. Interpretações que poderíamos pensar, constituíam formulações apropriadas de pensamentos e ideias inconscientes eram, na realidade, afirmações habituais para o paciente, que não tem qualquer dificuldade em pensar que o analista está falando coisas óbvias. Por outro lado, se utilizamos o discurso normal, o do pensamento vigil, o pensamento consciente, o paciente diz: "não sei o que você quer dizer". Ele não tem qualquer dificuldade para entender uma interpretação psicanalítica de alguma coisa que poderíamos chamar de "inconsciente", mas não consegue entender a linguagem que falamos ao estarmos bem acordados, totalmente conscientes e cientes do que chamamos de "fatos", "realidade".

Acostumei-me a pensar que esta situação é difícil de compreender; e ainda penso desta forma. Descobri ainda o quão isso me deixava zangado. Pensava-me preservar uma postura disciplinada e bastante cortês, mas o paciente não tinha nenhuma dificuldade em perceber minha irritação. Isto também era irritante, eu não gostava de estar sendo analisado pelo meu paciente. No entanto, persisti; atitude semelhante à adotada pelo paciente.

Após algum tempo chamei a atenção do paciente para um fato: ele jamais relatara sobre a razão que o fizera procurar-me, nem tampouco o que esperava que eu fizesse. Sua resposta foi: "tenho falado o tempo todo. Você quer me dizer que não sabe"? Eu não sabia. Senti que precisaria pensar muito a respeito desta situação extraordinária. Por que o paciente continuava vindo? Eu não sabia.

Outro paciente queixou-se intensamente a respeito do comportamento de todas as demais pessoas. Pensando nisso em termos de projeção tentei chamar sua atenção para o fato de que estava todo mundo errado mas que não havia nada de errado com ele mesmo. Novamente, pensando sobre a questão, não consegui compreender porque este paciente continuou vindo. Se a situação era a de que A, B, C, D e assim por diante eram tão hostis e difíceis o que teria *eu* por fazer? Não há nada que eu possa fazer a respeito de um universo no qual todo mundo está errado. Todos os habitantes deste mundo não me procuram para serem analisados e a única pessoa que vem refere não ter problema algum.

Examinei minha mente com a esperança de encontrar alguma interpretação que pareceria se aproximar dessa situação. Pensei nas várias interpretações dadas por Freud, particularmente aquelas que lidavam com *o* inconsciente, com repressão das ideias conscientes, com preenchimento das lacunas, com o espaço ocupado por amnésia, pelas paramnésias, mas nada disto serviu. Pensei na ideia de Melanie Klein de identificação projetiva, uma "fantasia onipotente" na qual o paciente acredita poder evacuar pensamentos fora de controle e que mesmo assim o perseguem. Dei várias interpretações de acordo com esta teoria; pareceu-me que nenhuma delas tivesse qualquer serventia. O problema então era: a psicanálise tem alguma serventia? Qual seria o intuito em fornecer interpretações freudianas, abrahamianas, kleinianas e assim por diante, se nenhuma delas exerce qualquer efeito?

Parece essencial, em psicanálise, a necessidade de sermos capazes de continuar pensando enquanto estamos em uma situação extremamente tensa. Estamos sujeitos a ficarmos ansiosos a respeito de nossa capacidade de tratar e, ao mesmo tempo, sobre nossa aparente incapacidade de fazer qualquer coisa em relação a uma série de fatos: que teorias da psicanálise estão erradas; ou está errada a ideia de que a interpretação correta irá curar o paciente; ou que está errada alguma outra coisa que não sabemos; ou tudo isso.

62   SEMINÁRIO QUATRO

Gostaria de prosseguir esta discussão de uma forma mais prática em relação ao que queremos saber ou pensar antes de vermos o paciente de amanhã. Ficarei contente de tentar ir adiante em qualquer questão que os senhores queiram introduzir. Posso resumir a questão dizendo "onde vamos a partir daqui"?

> *P: Os comentários do Dr. Bion sobre a comunicação não verbal me lembraram Paul Valéry:[1] a substância total do que as pessoas dizem se encontra no canto e no som de uma voz; no entanto estas são frequentemente ignoradas, negligenciadas. Gostaria de correlacionar isso com os problema da distância e do tempo no trabalho analítico, no qual podemos estar perto demais do paciente ou muito afastados dele e quando podemos dizer alguma coisa ou muito cedo ou tarde demais. Quanto ao paciente mencionado pelo Dr. Bion que perguntou "o que você pensa sobre isto?" eu faria uma questão: a partir de sua própria experiência pode nos dar um exemplo de uma situação em que tenha respondido imediatamente e outra em que sentiu que era melhor aguardar?*

Bion: A pergunta vai à raiz do problema, a saber, qual é o espaço ou tempo do qual estamos falando e no qual estamos inseridos? Que coordenadas podemos sugerir para localizarmos a fonte ou a origem da dificuldade?

Podemos observar a "coisa em si"? Milton clamou, em *O Paraíso Perdido* (*Paradise Lost*, Livro III)

> *"So much the rather thou Celestial Light*
> *Shine inward, and the mind through all her powers*

Irradiate, there plant eyes, all mist from thence
Purge and disperse, that I may see and tell
Of things invisible to mortal sight".[2]

Somos meros mortais, meros seres humanos. Como poder-se-ia irradiar nossas mentes pela luz celestial para que, através de todos seus poderes, sejamos iluminados, capacitando-nos a ver (primeiro ponto) e contar (segundo ponto) algo invisível à visão mortal? Nosso problema de amanhã é, como ver, observar – que é tido como primeiro requisito de uma perspectiva científica – coisas não visíveis? Como poderemos ver o invisível e em seguida formular o que vemos de tal forma que o paciente possa ver o que é necessário que ele veja? Há dois pontos: o primeiro é referente à nossa capacidade de visão; o segundo, de encontrar um modo de comunicação para relatar o que vimos, ao paciente.

Temos alguma capacidade para exercer ciência, no sentido de observarmos fatos? Até certo ponto, sim. Podemos ter um paciente que está ruborizado: em outras palavras, até o momento, como seu corpo está comunicando algo; e se obtivermos experiência e treinamento médico suficientes , seremos capazes de observar um rubor nas faces do paciente que um leigo não conseguiria ver. Podemos ensinar observação a estudantes de medicina: "você precisa examinar o paciente, olhar para ele, pedir que se dispa para apalpar seu corpo e dessa maneira compreender a linguagem falada pelo corpo, ou seja, diagnosticar sua condição". Não me parece que isto seja diferente do analista que está tentando interpretar a mente. Fisicamente chamamos de "diagnóstico"; analiticamente chamamos de "interpretação".

Ao fazer essa afirmação fiz uma separação totalmente artificial. Falei do corpo e da mente como se fossem duas coisas totalmente diferentes. Não acredito nisso. Penso que o paciente que vocês

64 SEMINÁRIO QUATRO

atenderão amanhã é uno, uma totalidade, uma pessoa completa. Apesar disto, dizemos – obedecendo as leis da gramática – que podemos observar seu corpo e sua mente. Na verdade, não existe tal coisa como "corpo e mente"; existe um "ele" ou "ela".

Em relação a essa outra questão relacionada à distância: qual a distância entre "ali" e "aqui"? Qual a distância entre o estado de mente que está reprimido e o estado de mente que efetuou a repressão?

A mesma coisa, dita de forma diferente: qual a distância entre a pessoa, vigil e consciente que diz: "tive um sonho ontem à noite" e a pessoa que em um estado diferente de mente vivenciou o sonho? Suponham que a pessoa que dorme está irrequieta, que se retorce e vira porque está ciente de uma dor. Pode ser porque está com apendicite ou pode ser porque tem pensamentos ou ideias dolorosas. Quando nos relata que teve um sonho ruim; onde vocês localizam o desconforto? É física a fonte deste desconforto? Ou é o que chamamos "mental"?

Este será o vosso problema amanhã e em todos amanhãs. A única pessoa que sabe a resposta a essa questão é seu paciente. Dessa forma ele é o único colaborador em quem vocês podem realmente se fiar.

Um paciente está sofrendo de leucemia; ele não conhece o suficiente para compreender o que seu corpo lhe diz. Depende de um médico ou de um psicanalista ou de ambos. Um médico bem versado em medicina, sabe como observar, pode ver que há uma infecção ou alguma coisa que produza uma inflamação. É isso o que o corpo de seu paciente lhe diz. O que psicanalistas precisam observar? Como podem ficar cientes destas dores? E a partir daí, como deverão considerá-las no que se refere à situação total, corpo *e* mente, uma pessoa? No consultório o analista está totalmente só e pode contar apenas com a capacidade de observação a seu alcance e com o paciente. O paciente, de forma similar, não tem ninguém com quem contar com exceção do analista. Assim, essa situação *prática*, a *prática* da psicanálise, envolve o relacionamento entre duas pessoas, mas, esperem um pouco: é apenas entre duas pessoas? Anatomicamente, fisicamente, há A e B. Isso é real? Há apenas duas pessoas? Se observarmos e escutarmos o que está na sala, a que olharemos? O paciente? Às nossas associações livres? Às nossas próprias ideias sobre o que é isso? Ou a um *relacionamento* entre duas pessoas? São *pelo menos* duas pessoas. Será o que Dr. Matte Blanco chama de "relacionamento simétrico"? Ou é algo diferente? Isto me parece ser assunto que pode apenas ser decidido por nós que praticamos a psicanálise. Nada adianta ler livros de psicanálise, não há tempo. Isto terá de ser observado na vossa sessão de amanhã.

Talvez alguém aqui poderia formular mais profundamente a natureza deste problema. Penso ser uma ideia errada que haja algum analista que saiba as respostas. Hoje sei o bastante para saber que não sei. E apesar de toda a pressão a que estou sujeito para saber as respostas, *não* as sei, mas estou certo que possamos aprender um pouco mais e estarmos um pouco mais sábios até amanhã à noite.

> *P: O problema da comunicação e da não comunicação – o aspecto dos limites da comunicabilidade centra-se no paciente e não no relacionamento analítico. Caso contrário seria possível fazer alguma coisa a respeito dos diferentes potenciais de certos pares analíticos para um desenvolvimento, que às vezes favorece o desenvolvimento tanto do analista quanto do paciente. Nesse caso realmente sente-se que as coisas que se sucedem estão muito próximas à repressão primária – aspectos que jamais se*

> *beneficiaram com o contato com a realidade. Esse poten-*
> *cial frequentemente coloca seu carimbo até na entrevista*
> *inicial, de sorte que o analista às vezes se sente compelido*
> *a aceitar um paciente a quem ele previamente não pen-*
> *saria aceitar para análise. Talvez seja precisamente essa*
> *a situação que resulta em análises que são produtivas*
> *tanto para o analista quanto para o paciente.*

Bion: Ninguém deveria se estabelecer como analista ou médico a não ser que esteja preparado para pagar o preço. Colocando em outras palavras "se não aguenta calor, não fique na cozinha". A partir do momento em que quisermos ajudar nossos pares, homens e mulheres, estaremos em apuros. Não interessa o quão doentes, o quão cansados, o quão perturbados mental ou fisicamente possamos estar, precisaremos manter uma disciplina. Dei o exemplo de ficar bravo com um paciente. Isso não o ilude. Isto *não* é um bom comportamento da parte do analista. Um analista precisa continuar a se comportar de forma civilizada.

Para exemplificar com uma situação ainda mais extrema: Um oficial na guerra cujas tropas estão amedrontadas e querem fugir. O oficial não tem o privilégio de fugir também. Seu dever é o de ficar onde está, mesmo que isto lhe custe a vida. Pode parecer uma descrição exagerada da sessão de amanhã com seus pacientes, mas eu não creio que seja. Penso que a ideia de fuga está oculta porque o consultório do psicanalista é confortável. Um psicanalista dispõe de bom alimento e assim por diante. Mas pode estar tão ameaçado pelo ruído – colocando novamente de forma metafórica – ficando--lhe difícil o mero ato de escutar. O ruído vem de dentro – hipóteses a respeito de doenças físicas, hipóteses a respeito de teorias analíticas, muitas delas, *ad infinitum*. Todas fazendo tal ruído que lhe será difícil escutar o que o corpo e mente do paciente estão dizendo. Tentei abordar esse aspecto de forma um tanto quanto grosseira ao recomendar que nossas mentes fiquem despojadas de memória e desejo de forma que o ruído feito pela nossa aprendizagem, por nosso treinamento ou por nossa experiência passada, fique num nível mínimo. Dessa maneira pode-se obter a visão mais ampla possível. Aí podemos começar a escutar ou sentir algo que, se fosse uma inflamação, nos levaria a focalizar a visão para o local da infecção de forma a observar o ponto doloroso. Se o paciente permitir encontros suficientemente frequentes, se tolerar que o analista permaneça calado e que não saiba, talvez torne-se possível perceber qual é o ponto doloroso – se está na mente ou no corpo.

Ao falar tudo isso estou dizendo algo a respeito de assuntos que não foram ainda descobertos; ninguém pode ajudá-los com exceção de vocês e seus pacientes; e entre vocês dois, no amanhã. Um médico teria de ousar dizer "quero vê-lo amanhã. Não sei o que se passa, mas penso que *pode vir a ser* uma apendicite ou então pode não ser nada demais." O analista pode observar o corpo, a aparência do paciente *e* pode observar o que parece ser um sintoma ou um sinal de que o paciente possui uma mente. A capacidade de fala articulada pode ser buscada, observada e vista de forma a demonstrar evidência sobre a localização da dor. Suspeito que às vezes uma dor física, digamos, abaixo do diafragma, possa infiltrar-se até a mente de forma que o sintoma, o sinal que não está tão óbvio no corpo, possa ser observado na mente. Aí o analista poderá ser capaz de fazer uma interpretação que um médico não consegue fazer porque ele não aprendeu como observar a mente.

Como tenho falado, a profissão da psicanálise é perigosa mas o analista não pode lidar com essa situação perigosa fugindo dela. Todos sabemos disso, todos sabemos que de nada serviria levantar-se e deixar a sala. O que não é tão simples de perceber é que podemos *nos ausentar mentalmente* caso não gostemos do que o paciente está dizendo. Em minha experiência o paciente psicótico *borderline* ou assim chamado, sempre sabe quando o analista se ausentou mentalmente. Às vezes o paciente dirá: "você foi embora", e é fácil demais dar uma interpretação disso tal como "ah sim, você está ciente que estamos chegando a uma interrupção no fim de semana e que não vou atendê-lo nem amanhã e nem depois de amanhã". É uma explicação racional e em análise as explicações racionais são tão comuns... não há escassez delas. Podemos produzir interpretações, vestirmo-nos com interpretações que ocultam a nossa nudez. Isto não é bem assim com o psicótico *borderline*. O problema que surge é: vocês irão interpretar a afirmação do paciente como sua reação ao intervalo do fim de semana ou ao término da análise? Ou irão interpretar "você está sentindo que não estou realmente prestando atenção"? Esta é a penalidade que o analista paga por ser analista, ele está sob constante observação. Caso não estejamos cientes disso não sabemos porque ficamos tão cansados.

Um paciente voraz pode se comportar de forma tal, que quando sua hora terminou o analista fica tão perturbado sobre o que o paciente irá aprontar em seguida, que pode tomar o tempo da sessão do próximo paciente ao pensar no paciente anterior. Penso também que é bom termos clareza sobre isto: que tentamos evitar que o paciente, digamos, se jogue pela janela enquanto está no consultório durante aquela hora. Depois podemos dizer que não somos responsáveis: alguém terá de trazê-lo ao consultório e alguém terá de levá-lo embora – seja uma criança ou um adulto, psicótico ou não psicótico. Caso contrário, os demais pacientes do dia serão enganados pois a atenção que o analista deveria estar dedicando à observação de todos os seus pacientes é dispendida no pensamento sobre o que aquele paciente em especial irá fazer. Não se pode trabalhar vinte e quatro horas ao dia: somente o analista pode dizer quantas horas consegue trabalhar, somente o analista pode prover condições para que, durante aquelas horas, esteja capacitado a trabalhar para que a atenção não seja distraída por assuntos que o afastem do trabalho em questão.

Vou lembrá-los novamente que é por isso que eu penso ser importante sermos capazes de desnudar a nossa mente tanto do que conhecemos sobre o passado quanto dos nossos desejos para o futuro. A psicanálise me parece contaminada por um certo otimismo – essas ideias de "cura", de que há uma era boa por vir. O que sabemos sobre o que irá acontecer?

O que sabemos sobre este universo em que vivemos? É possível que o paciente tenha de estar mais forte e mais disciplinado a fim de que esteja preparado para o que der e vier e não apenas preparado para o paraíso, uma cura que seja um paraíso na terra.

Uma ideia que podemos buscar é a da verdade. É possível considerar que um pintor é bom se suas pinturas são tentativas de mostrar o que é verdadeiro – os impressionistas não pintavam com a finalidade de tornar as coisas mais difíceis de se ver. Pode-se sentir a diferença entre uma composição musical que é uma imitação da verdade e uma outra que é uma formulação da verdade. Na análise temos de esquecer se a interpretação é a correta ou se é a interpretação kleiniana ou freudiana. Tudo isso é irrelevante. A única coisa relevante é se a interpretação é *verdadeira*. Isto é ilustrado com força dramática quando somos chamados a atender um paciente que está nos estágios terminais da doença. O médico pode esperar que o analista conte histórias tranquilizadoras ao paciente mas o analista deve resistir a essa pressão. Não penso que tal paciente esteja enganado sobre sua condição, apesar de haver essa possibilidade, pois estamos muito acostumados a acreditar em toda sorte de tolices ou que nos contem histórias tranquilizadoras. O paciente às vezes poderá dizer "não sei o que você quer dizer"

70 SEMINÁRIO QUATRO

– ele não acredita que o analista seja de alguma forma diferente de todo mundo. Ele pensa que é muito improvável que o analista diga simplesmente o que ele quer dizer. O analista, no entanto, tem de se acostumar de tal forma a dizer o que quer dizer que ele o faça *sempre*, por mais desagradável que possa ser. Ele não pode pensar "ah sim, a interpretação correta é X mas vou falar algo mais agradável." Ele tem de perguntar a si mesmo: "qual a linguagem que devo falar com o paciente para que ele possa compreender o que digo?"

É possível perceber que em certos pacientes as ideias, pensamentos e sentimentos provêm de um nível físico básico – por exemplo pelas glândulas suprarrenais ou pelas gônadas. O impulso, pensamento ou sentimento que provém de uma fonte física pode afetar a mente e os pensamentos do paciente? Essa mesma mente pode ser informada sobre algo em uma linguagem que possa traçar seu caminho de volta àqueles níveis primitivos e fundamentais?

Tive um paciente que se submeteu a uma cirurgia cardíaca. Não sei se a operação realmente aconteceu ou se simplesmente foi feita uma incisão na pele. Pelo que sei pode ter sido uma incisão psicológica. Mas sei que a operação não foi bem sucedida. Tive de chamar a atenção do paciente para o fato de que devia haver alguma razão pela qual ele continuava a vir até mim após a cirurgia cardíaca – ou pelo menos o procedimento assim relatado por ele – e que ele devia saber que só o que eu faço é falar. Aquele paciente, no entanto, que não ousava viajar começou a fazê-lo. *Eu* não operei seu coração e não sei o que aconteceu às minhas interpretações depois de fornecê-las. A impressão que tive era de que o paciente escutou o que eu disse, mas o que aconteceu no percurso entre os seus ouvidos até sua mente eu não faço ideia.

Talvez seja possível resolver esses problemas se pessoas vierem nos ver. Pode-se perceber gradualmente – amanhã, no dia seguinte – que há alguma evidência que começa a se formular da mesma forma que uma opacidade em uma radiografia nos mostra um padrão. Se sabemos como é o esqueleto torácico normal então podemos ver em uma radiografia que existe uma área de opacidade: onde deveria aparecer uma fotografia do esqueleto há um velamento. Voltando, ou seguindo adiante, para o paciente de amanhã, sugiro essa visão através da qual estamos vulneráveis a qualquer coisa que nossos sentidos possam nos informar. À medida que observarem, focalizem, e então perguntem a si mesmos por que estão agindo dessa maneira. Isto depende de ousarem sentir ou pensar seja o que for que sentirem ou pensarem. Já falei disso antes como uma situação na qual toda sorte de pensamentos estão esvoaçando – o paciente se livra de todos os seus pensamentos que então, no quadro que imagino, ficam esvoaçando. Se puderem estar bem abertos penso que existe uma possibilidade capturar alguns desses pensamentos selvagens e, se permitirem que se hospedem em suas mentes, por mais ridículos, estúpidos ou fantásticos que sejam, poderá haver a oportunidade de olhar para eles. Trata-se de ousar ter tais pensamentos, não importando se são apropriados ou não – e mantê-los por tempo suficiente até sermos capazes de formular o que são.

> P: *Fiquei me perguntando sobre qual espaço interno deveríamos olhar: será talvez um espaço mental que pode também ser construído aos poucos? E que valor terá um espaço para se olhar para dentro de nós?*

Bion: A geometria projetiva está implícita na geometria euclidiana. No entanto levou muito tempo até que Descartes fosse capaz de formular as coordenadas cartesianas. Liberado da imagem gráfica das linhas, círculos e pontos, a geometria pode ser formulada em termos que anteriormente não eram visíveis. É possível

72 SEMINÁRIO QUATRO

formular mentalmente coisas como cortes cônicos; não apenas linhas, mas a *direção* das linhas: os vetores.

E o que dizer sobre pensamentos que emergem, digamos, a partir das suprarrenais? Poderíamos descobrir algum sistema de coordenadas pelas quais seria possível observá-los indo numa direção oposta? Tomem meu exemplo de uma mão: um lado é psicossomático; o outro, somato-psicótico: se puderem dar uma interpretação sobre uma condição psicossomática seria possível também dar uma interpretação de tal modo que fosse somato-psicótica? Dessa forma essas coisas enigmáticas tais como esquizofrenias, psicoses maníaco-depressivas e assim por diante poderiam se tornar muito mais compreensíveis. Consideremos o "maníaco-depressivo": um marido maníaco se casa com uma mulher depressiva e assim criam a *folie-à-deux* (loucura a dois). Conseguiríamos colocar isto numa direção contrária? Começando com o *folie-à-deux* e terminando com duas pessoas? Estas pessoas permaneceriam casadas?

> P: *Há alguma confusão aqui na tradução: estamos aqui falando de fato em "somato-psicótico" ou deveria ser "somato-psíquico"?*

Bion: São visões diferentes da mesma coisa, é uma espécie de diafragma, uma cesura, "a impressionante cesura do nascimento". Há muitas cesuras impressionantes sobre o nascimento das ideias e cada vez que uma pessoa tem uma ideia nova – por exemplo: a psicanálise – tal ideia imediatamente se torna uma barreira, algo difícil de se penetrar. Ao invés de ser libertadora torna-se aprisionadora. Assim, mesmo quando tentamos formular uma ideia que seria libertadora formulamos também uma outra cesura que pode se tornar impenetrável.

Notas

1 Paul Valéry (1871-1945) poeta francês interessado em matemática, filosofia e música.

2 Esta invocação a uma "Luz Celestial" tem desafiado vários tradutores em várias línguas neolatinas. À moda de Goethe, que preferiu traduzir Shakespeare sob forma isenta de linguagem poética, é possível expressar o sentido deste excerto. John Milton (1608-1674), há muito considerado como o maior poeta inglês com exceção de Shakespeare, enfatiza um brilhar interno à mente da "Luz Celestial"; mente que, após tal invocação, irradia toda sua força, permitindo um plantar de visão tal que purga e, mais ainda, também dispersa toda e qualquer névoa, permitindo ao ser invocador, ver, e também relatar, aquilo até então invisível à visão mortal. O mesmo verso foi reproduzido em Uma Memória do Futuro; Milton também fora citado por Bion, usando a mesma obra, Paradise Lost (Paraíso Perdido) em Transformações e Atenção e Interpretação.

SEMINÁRIO CINCO

Roma, 15 de julho de 1977

Não posso dizer que conheço "nós". Igualmente, não posso dizer que nós conhecemos "nós" mesmos. Pois "nós", quem quer que sejamos, nunca encontramos a "nós" mesmos anteriormente. Não somos sequer aquilo que fomos há uma hora. Assim, vou começar imaginando, de forma especulativa, algo que *não* é um fato. Mas é um fato imaginário. Há muitos indivíduos aqui; portanto, há também muitos pensamentos sem pensador. Esses pensamentos-sem-pensador estão flutuando, em algum lugar. Proponho a ideia de que estejam procurando por um pensador. Espero que alguns de vocês estejam preparados para permitir-lhes hospedagem em suas mentes ou personalidades. Estou ciente de que isso é pedir demais porque esses pensamentos-sem-pensador, esses pensamentos que estão vagando estão sob risco de serem também pensamentos selvagens e ninguém gosta de acolher pensamentos selvagens que passam então a ser chamados de *seus* pensamentos. Nós todos gostamos que nossos pensamentos sejam domesticados, gostamos

76   SEMINÁRIO CINCO

que sejam pensamentos civilizados, bem treinados e racionais. No entanto, por mais selvagens e irracionais que estes pensamentos possam ser, tenho a esperança de que vocês possam ousar dar-lhes alojamento temporário e que possam dar-lhes roupagem verbal adequada para expressá-los publicamente e que possam ser ventilados, mesmo que pareçam não ser muito adequados. Espero que essas imaginações especulativas tenham a possibilidade de obter um certo grau de respeitabilidade de forma que possam existir até numa comunidade científica. Razões especulativas ... criaturas frágeis, facilmente destrutíveis.

Ocasionalmente atendo pacientes dizendo-se incapazes de imaginar. Nestas circunstâncias, não fico surpreso quando a pessoa se queixa de insônia. Tais pessoas temem estar desprotegidas, tal como estão quando vão dormir. Quando *são* capazes de dormir e sonhar relatam não sonhar, pois sonhar é algo relativamente respeitável: estamos autorizados a sonhar. Não é considerado tão respeitável ter uma alucinação ou um delírio, apesar de que às vezes a sociedade – ou um grupo ou uma cultura permite às pessoas, seus devaneios. Em geral tenta-se respeitar devaneios sob uma desculpa: constituiriam poesia; ou pintura impressionista; ou composição musical moderna. Tudo dependerá tanto da ousadia de entreter um pensamento selvagem, seja acordado ou dormindo, e também da capacidade de acordar, de se estar totalmente consciente, inteiramente lúcido, capaz de transformar um pensamento ou imagem selvagem, que se torne relativamente respeitável ao ponto de se dizer: "é um campo de papoulas".

Algumas destas pessoas obtém perdão, especialmente após sua morte, sob dizeres semelhantes a "afinal de contas, tratava-se de Giotto; ou Leonardo". Pessoas como essas podem também obter perdão caso tenham traçado uma linha ao redor de seus pensamentos selvagens, chamando-os de "Deus" ou "A Virgem Maria" ou "Sant'Ana". A maioria de nós dificilmente ousaria ter a esperança de que poderemos nos desculpar por nossos pensamentos, imagens, músicas ou pinturas selvagens. Espero coragem de vocês, quando digo "penso que outra pessoa deveria falar, não importando em que medida o grupo ou a pessoa considere que o pensamento a ser expresso seja selvagem, irracional, inaceitável, impensável. Quando as circunstâncias são bastante confortáveis, tanto na aparência, como na realidade, fica difícil perceber esse ponto; nestas condições, seguindo aquilo que olhamos, escutamos e sentimos, é como se fosse seguro falar o que pensamos.

Tento falar a verdade a meus pacientes e ouso dizer o que penso, apesar de ter de fazer algumas modificações por tentar obter sua compreensão daquilo que acabei de lhes dizer. Ocasionalmente, pacientes retrucam: "não sei o que você quer dizer". Isso pode acontecer em função de minha dificuldade em me expressar verbalmente, mas frequentemente acontece porque o paciente não se acostumou ouvir alguém dizer-lhe o que realmente pensa. É justamente neste caso em que incorremos no risco de sermos considerados responsáveis por nossos pensamentos selvagens e então alguém afirmará "este aí é um encrenqueiro".

Fico em silêncio a partir de agora, na esperança de que sejam capazes de ouvir seus pensamentos, por mais selvagens que sejam até para vocês mesmos. Há sempre uma pessoa capaz de ouvir o que você pensa – você mesmo. (*longo silêncio*). Vocês mesmos podem ouvir o clamor. O grupo, parece-me, sofre de insônia.

> P: *Li uma reportagem sobre a vida atual na Pérsia. O jornalista reportou o princípio seguido pela maioria da população: todos são escravos do que disseram e mestres do que não disseram. Creio que o oposto também possa*

acontecer, ou seja, que a pessoa é o mestre, o dono do que diz e pode, na verdade, ser o escravo ou o prisioneiro do que não diz. Em tal situação me parece que se alguém pensa alguma coisa, pode existir alguém que não pensa, ou cujo pensamento é confuso. Pelo menos essa pessoa tem uma trilha própria a seguir. Ou então existe a situação de alguém que pensa, mas não expressa o que pensa. Isto me faz pensar numa gravidez cujo feto poderá morrer caso nasça prematuramente, porque está muito frágil e incapacitado para a vida. Da mesma forma, se um pensamento não é expresso, por imaturidade, não sobreviverá, não irá muito longe. Se o feto permanece por tempo longo demais no corpo da mãe, morrerá lá dentro, tal como um pensamento irá morrer na garganta quando retido por tempo demais.

Bion: Horácio, antigo morador desta cidade expressou essa ideia, como lhes disse outro dia (Seminário Dois). Pensem nas primeiras pessoas que começaram a se comunicar por grunhidos e em seguida ousaram inventar a fala articulada: precisaram ser seus próprios poetas. Para ser um artista... é preciso ousar. Alguém tem de ousar para fazer pichações em paredes de cavernas. Qual seria o nome daqueles artistas? Não se chamavam "Homero" ou "Leonardo". No entanto, sonhos assustadores estão lá, como esculturas também assustadoras, visíveis nas grutas de Elephanta.[1] As primeiras tentativas devem ter sido muito rudimentares. O que dizer do grafite atual, dos desenhos em paredes de Roma? Percebi nas cavernas de Lascaux[2] que a superfície das paredes tem efeito de perspectiva. Obteve-se tudo isto através da colaboração entre um caráter, uma personalidade humana com forças da natureza. A terra apresenta saliências localizadas e o artista as utiliza como parte da sua escultura.

Deixemos de lado o passado: nele, nada podemos fazer. Podemos fazer alguma coisa no presente. Diante de uma escolha sempre pode-se decidir o que fazer; e *também* o que não fazer. Posso escolher fazer isto e posso escolher fazer aquilo, ou seja, "escolho isto e não aquilo".

Aqui e agora, todos vocês ousam expressar suas criações, torná-las públicas, nem que seja apenas para vocês mesmos. Seria possível, vocês não darem ouvidos a vocês mesmos? Certa vez alguém recolheu pedaços de papel deixados após um encontro de importantes estadistas, cujos rabiscos jamais seriam aceitos por um museu de arte moderna. Se decidirem permanecer em silêncio estarão também decidindo não dizer o que poderiam ter dito. Estarão sujeitos a lamentar por não expressarem seus pensamentos e também por terem sido tão tolos por falarem o que estavam pensando.

> P: *Gostaria de colocar ao Dr. Bion minha tentativa de usar imaginação especulativa. Na medida em que uma membrana celular separa uma parte interna de uma externa e seleciona a distribuição das substâncias celulares em duas partes do espaço, podemos dizer que a membrana envia uma mensagem remota e organiza o espaço de um modo mais complexo do que seria possível, caso as moléculas fossem dispersas ao acaso. Na medida em que cresce a complexidade da agregação funcional (um órgão por exemplo) crescem também as interdependências e a complexidade das relações que têm de ser mantidas entre a parte interna do órgão e as outras regiões do organismo. Por exemplo, a suprarrenal estará separada de um espaço circundante por uma bainha de revestimento,*

mas esta bainha terá perdido a propriedade de manter relações funcionais com o exterior, tal como ocorreu com a membrana celular. A função de um organizador, capaz de agir à distância, será agora assumida pelo sistema de secreções adrenais e por receptores específicos para estas substâncias, as quais estão localizadas fora da glândula suprarrenal, (por exemplo, na hipófise). Em outras palavras, são criadas novas membranas para regular as trocas que não mais estão localizadas num ponto único no espaço e não funcionam por contiguidade. Assim, temos sistemas de membranas capazes de agir a distâncias maiores com menos transporte de substâncias.

Minha questão é a seguinte: levando em consideração estes exemplos, o senhor pensa ser útil observar a evolução como uma série de saltos funcionais que tendem a preservar a homeostase em um sistema cuja crescente complexidade dá margem a um aumento sempre crescente de uma não homogeneidade entre as várias regiões do espaço e, para este propósito, necessita de sistemas reguladores capazes de agir sobre distâncias cada vez maiores?

O senhor acredita que isso pode esclarecer o fato de que os sentidos são uma membrana capaz de funcionar em uma distância maior entre duas entidades não homogêneas, tais como o corpo e o ambiente externo, constituindo um relacionamento entre substâncias originárias dos sistemas que atuam em distâncias curtas (estímulos hormonais ou emoções) e receptores na mente distante da mãe?

Será que o nascimento de um pensamento serve como uma membrana que pode de fato se interpor para atuar distante de substâncias individuais e sistemas receptores sociais?

Bion: Fisiologistas, não sei com que grau de precisão, descrevem o relacionamento da célula com o fluido extracelular, constituído de algo o mais próximo possível de água não poluída. Isto facilita responder a uma parte da pergunta. Posso imaginar... é uma imaginação especulativa, que, vivendo num fluido aquoso uma criatura potencialmente muito dotada, um embrião, não seria capaz de tolerar aquilo que sentidos primordiais lhe dizem. Por exemplo, pode odiar o ruído do sangue correndo através de seu corpo embrionário.

Por motivos de simplicidade vou mencionar um caso exagerado que apesar disso, até o ponto que o conheço, é real. A mãe, grávida, passou por uma experiência aterrorizante. Podemos apenas conjeturar sobre quais teriam sido as mudanças de pressão no líquido amniótico. Não sei de que forma eventuais mudanças de pressão seriam percebidas pelas fossas ópticas e auditivas do embrião. Postulando que o embrião, possuidor de todas as estruturas mentais e físicas pode, precocemente, ter sido sujeito prematuramente a uma experiência que lhe é intolerável. A experiência real que conheço foi a de um paciente exibindo grave sintomatologia. Na época em que este paciente foi um feto a termo, um assassino adentrou à residência, matando o pai, a mãe e três filhos e precipitou o nascimento prematuro deste feto. A criança cresceu e, bem, o que ela sabia?... Não sei. Todos concordaram que a criança nada sabia, pois nunca lhe havia sido contado nada sobre esse evento aterrorizante. Quando conheci o paciente, havia unanime desaprovação a respeito deste jovem, inclusive aquela proveniente dos pais adotivos. O paciente não tinha sonhos. Todos ficaram de acordo com o fato de que a experiência analítica comigo deixou-lhe infinitamente pior. Passou a ter sonhos aterrorizantes, tinha um comportamento delinquencial, que já o caracterizava: odiando todo e qualquer homem ou mulher com quem lidasse, permaneceu mantendo ameaças homicidas ou suicidas. Obviamente, foi afastado da má influência do analista. Obviamente a análise estava errada, assim como errado estava o analista. E eu não podia fazer mais nada. O paciente, no entanto, cresceu. E voltou a me procurar. Ele não tinha a menor ideia do que queria mas sabia apenas de uma coisa: queria estar comigo. Essa parece ser uma situação na qual a pessoa, mesmo antes do nascimento, está sujeita prematuramente a um estresse que lhe é insuportável.

Tive outras experiências menos dramáticas na análise de pacientes que tinham recebido diagnósticos psiquiátricos de esquizofrenia ou psicose *borderline*. Tenho três exemplos em mente: a raiz do problema pareceu-me ser a elevada inteligência das três pessoas. Não consegui deixar de lado o fato de que, pelo menos para mim, todas eram altamente inteligentes, mas foi possível, em duas ocasiões, chamar a atenção dos pacientes para traços de uma observação aguda, aguda ao ponto de eles não suportarem a informação fornecida por seus sentidos primordiais.

Há uma experiência fundamental que posso colocar da seguinte forma: o paciente tem consciência de duas experiências muito desagradáveis – a de estar dependente de alguma coisa que não é proveniente dele mesmo *e* de estar completamente só – simultaneamente. Isso me parece ser algo que pode ocorrer até antes do nascimento, quando o paciente está, por assim dizer, consciente de sua dependência de um fluido aquoso e de sua incapacidade de tolerar o fato de estar completamente só.

Habitualmente, temos contínua capacidade em operar nosso sentido do olfato: levamos fluido aquoso conosco após o nascimento, após entrarmos num fluido gasoso. A secreção aquosa de nossas narinas nos habilita à capacidade de cheirar, mesmo num meio gasoso. Às vezes há demasiado fluido aquoso: queixamo-nos quando, por superveniência de catarro não conseguimos respirar:

uma deficiência emerge daquilo que potencialmente é uma capacidade. De modo análogo, o paciente não consegue suportar a carga de inteligência. Faz o máximo esforço para dela se livrar. Após a "impressionante cesura" permanece altamente inteligente, mas sempre parece precisar aprender de novo. Aquela pessoa altamente inteligente *parece* ser muito inteligente e conhecedora daquilo que se lhe ensina. O único problema é que ela pode ser altamente inteligente, mas não é sábia.

Tenho que distinguir "inteligência" de "sabedoria". Detestaria ter de definir qualquer uma delas, mas aqui neste grupo posso contar com a ajuda de vocês para que apreendam o que quero dizer, apesar de minha comunicação inadequada. Vocês podem usar sua própria sabedoria – e decidir por si mesmos o quão sábios seriam para confiar na sabedoria de um grupo. Às vezes podemos estar em uma cultura altamente inteligente, mas pouco sábia. Vocês poderão decidir por si mesmos sobre o quão relevante seria essa diferenciação para iluminar e esclarecer suas próprias impressões sobre o grupo em que se encontram. Nesta atividade vocês acrescentam uma dimensão a si mesmos: exercitam e desenvolvem uma capacidade de discriminação. Podem contar com uma certa experiência, possivelmente rumores, possivelmente a experiência direta que vocês mesmos tenham tido para avaliar a natureza ou as características da sociedade da qual são membros.

Serão os habitantes deste espaço geográfico mais sábios do que eram na época de Homero, Horácio ou Virgílio? É claro que não podemos saber: não temos como dizer como era Roma quando aqueles poetas existiram. Mas podem ter uma ideia se *vocês* são mais sábios agora do que eram quando este encontro se iniciou. Podem responder a esta questão? Desta resposta, dependerá vossa eventual permanência neste encontro. Tudo isto dependerá de uma ousadia: aquela, do ato de discriminar. Como se mede a

84   SEMINÁRIO CINCO

distância entre estes dois pontos, o agora e o início deste encontro? Ou a distância entre a Roma de Horácio e a Roma de hoje? Em quilômetros, horas, semanas, dias? Ou alguém terá de inventar um sistema de coordenadas pelas quais poderíamos nos colocar em um tempo e espaço mentais?

As pessoas capazes de um pensamento matemático, parecem ter feito algo a respeito. A geometria de Euclides não resolveu satisfatoriamente o problema das linhas paralelas mas a geometria, como a conhecemos atualmente, estava implícita na geometria de Euclides. Levou séculos para se tornar explícita. Isso dependeu de um crescimento da experiência dos Hindus no sistema decimal, bem como de Descartes, com um sistema de coordenadas que tomaram seu nome, nas quais limites, margens e restrições da geometria euclidiana puderam ser superadas pela geometria algébrica. A partir daí, não precisaríamos mais depender apenas daquilo que nos dizem nossos olhos, e nem mesmo daquilo denominado por Milton, um olhar dirigido para dentro de nós. Foi deste modo que pudemos imaginar uma linha a unir dois pontos imaginários. Sugiro que ousem usar a imaginação especulativa, sem depender do fato de que sua cultura goste ou não.

Conhecemos a função das glândulas adrenais – algo que podemos dizer que não é, em absoluto, pensamento, mas que é pura química, bioquímica. Quando – e como – torna-se possível ao indivíduo obter uma capacidade para lutar ou fugir? Quando poderemos ser capazes de fugir da liberdade para pensar ou de lutar por ela? Entrevistei diversas pessoas que não conseguiram superar o fato de se render durante a guerra e foram aprisionadas. Em muitas ocasiões lamentei a perda dos que, em situação de desespero, sacrificaram suas vidas em vez de se renderem. "Aquele que luta e foge vive para lutar mais um dia." Quanto tempo temos para a decisão? Podemos debater o problema aqui por uma hora, duas horas, mas na vida real não há tempo para o debate: há de se decidir instanta-neamente se entramos em ação, a qual é evidente e clara, ou se nos preservamos para um outro dia. É por esse motivo que, ao produ-zirmos um ambiente adequado para a aprendizagem, devem haver amplas oportunidades para a tomada de decisões. Colocando em termos visuais, temos de fornecer à criança um espaço necessário para desenvolvimento. Isso se aplica a todos nós – qualquer decisão ou afirmação precisaria deixar espaço para crescimento e desen-volvimento. Falando desta maneira estou na realidade produzindo um sistema, uma arquitetura do meu próprio pensamento. Mas ao fazê-lo também estou produzindo uma espécie de calcificação, tomando emprestado o termo da fisiologia, quando dizemos que artérias ficam endurecidas. Temos de estar conscientes de que algo parecido acontece com os nossos pensamentos: ficamos atrelados a um estado de mente que é útil, pode até nos servir bem e não queremos perturbá-lo. A vantagem de ter um encontro em grupo é comparável a estar diante de vários aspectos da nossa persona-lidade, simultaneamente. Vocês conseguem detectar a calcificação neste grupo? Conseguem detectá-la em si mesmos?

> P: Gostaria de fazer uma pergunta ao Dr. Bion: é pos-sível identificar qualquer relação entre o fator descrito como inteligência e sabedoria e as entidades denominadas PS e D? (posição esquizo-paranoide e posição depressiva)

Bion: Uma pessoa pode frequentemente se livrar de uma ten-dência perturbadora para iniciar qualquer coisa, preferindo um estado de depressão ao de mania. Às vezes, quando a pessoa livrou-se – qualquer que seja o estágio da sua vida – da experiência desagra-dável das constantes mudanças de depressão para mania, de mania para depressão, de ficar permanentemente no estado de depressão ou então de ficar num estado permanente de mania, colocando isto

86 SEMINÁRIO CINCO

exageradamente, tal pessoa tentará lidar com isto buscando um parceiro que ficará deprimido ao invés dela, ou que ficará maníaco ao invés dela. Alguém não muito observador poderá dizer "que casamento feliz"! Alguém que se permita ser mais aguçado poderá dizer "não, não é um casamento feliz, é uma *folie à deux*". Há várias versões daquilo que é basicamente a mesma coisa: depende do quanto nos permitamos ser sensíveis a fatos implícitos. A geometria não muda, a geometria algébrica projetiva está implícita na geometria de Euclides e tornou-se explícita posteriormente. Qual a origem dessa cultura? Quando estava implícita e no que estava implícita? Na civilização de Valeriano?[3] Na civilização de Adriano?[4] Qual a civilização que em breve irá ocupar este espaço? Digo "em breve" porque a escala de medida com a qual estamos lidando não é a do espaço de tempo de uma vida humana. Algumas centenas de anos não é nada. Qual é a cultura implícita neste encontro? Que aspectos terá ao tornar-se explícita?

> P: *Gostaria de tentar sugerir algumas respostas ou pelo menos reformular algumas das perguntas. Bem, não sei o que vou dizer daqui a pouco mas imagino que posso contar com o apoio do grupo enquanto falo. Minha sensação é a de que houve duas histórias simultâneas, ou pelo menos foi o que vivenciei. Uma delas tinha a ver comigo diretamente, na qualidade de bastante preocupado, vendo-se numa situação de bloqueio, constrangimento, respeito e preocupação. A outra estava mais ligada ao grupo. Uma das minhas impressões é que esta situação provocou-me sensações de rebeldia; sensações mais fortes do que eu; sensações talvez, por mim sentidas como partes minhas, mas também ligadas ao fato de sermos psicanalistas ou, alternativamente,*

pessoas se encontrando. Houve uma outra coisa também: por um lado senti que não concordava com as ideias que o Dr. Bion colocava sobre o pensar, mas por outro talvez eu concordasse.

Em outras palavras o sentimento que em geral tenho quando falo em grupo é de que não falo por mim e sim de que no momento em que percebi que o grupo está espacializado, tal como minha mente está espacializada, e então falo como um dos pontos focais da conversa multidimensional. Por outro lado, reconheci que o que o Dr. Bion relatou sobre o paciente cujo pai e mãe tinham morrido, na realidade foram assassinados, deixando-o só e dependente, se aplicou não apenas a mim mas talvez também a outras pessoas, na medida em que elas não estavam numa situação preponderante de grupo. Permita-me dizer só mais uma coisa e daí não tomarei mais seu tempo: senti que se tivesse sugerido criar uma atmosfera, por exemplo uma atmosfera úmida, então ou eu me sentiria como se estivesse bêbado, tomando uma bebida com outras pessoas, ou ... bem, também já ouvi que um analista não pode beber.

Bion: Voltando a um modelo fisiológico: se uma trombose se forma no sistema circulatório, ela pode levar à morte da parte do corpo de um sistema arterial específico para seu suprimento de sangue. Como alternativa forma-se uma circulação colateral. Se este grupo, por exemplo, evitasse o desenvolvimento do pensamento e do crescimento mental, penso então que este grupo morreria. Não tenho qualquer dificuldade em acreditar que em certas sociedades, nenhuma psicanálise sobreviverá, embora poderá haver outras sociedades nas quais uma circulação colateral seja estabelecida. Dito

88 SEMINÁRIO CINCO

de modo mais generalizado, não vejo qualquer razão para afirmar que a raça humana deva sobreviver; a função da vida poderia ser assumida por uma forma totalmente diferente de objeto animado, tais como vírus ou bactérias ou bacilos. De certa forma as nossas características simiescas herdadas podem estar muito mais ativas e virulentas se comparadas ao que consideramos nossas características "humanas". A nossa inteligência simiesca pode ser tão hábil para criar artifícios, ao ponto de inventar uma bomba muito melhor do que a bomba atômica. Resolveria o problema muito antes que tivéssemos o conhecimento de como usar a nossa capacidade para a fissão nuclear. Atualmente tentamos proibir a importação ou exportação de submarinos nucleares e assim por diante, mas nenhum de nossos estadistas preocupar-se-ia em proibir a exportação da inteligência, e menos ainda, com sabedoria.

Teremos de fazer uma pausa para pensar. Acredito que nossos corpos precisam de um descanso. Sugiro que interrompamos para que tenhamos nossos sonhos aterrorizantes ou as nossas visões felizes, de acordo com o gosto de cada um.

Notas

1 Grutas de Elephanta, Mumbai (na época do nascimento de Bion, Bombaim), abrigando o que pode ser o maior templo dedicado a Shiva.

2 Lascaux: complexo de cavernas no sudoeste da França.

3 Valeriano: Imperador anticatólico que em seis anos dividiu o Império Romano em oriental (sob seu próprio comando) e ocidental (entregue a seu filho Galiano). Mal-sucedido no enfrentamento com os persas, faleceu em cativeiro.

4 Adriano (76 d.C.-138 d.C.) Imperador romano famoso por medidas de integração social e do próprio império.

SEMINÁRIO SEIS

Roma, manhã, 16 de julho de 1977

P: Ontem à noite, Dr. Bion formulou um pedido: para expressarmos nossos pensamentos selvagens e, ao mesmo tempo, advertiu para que não os expressássemos de forma muito respeitável. Citou um ponto interessante: a diferença entre inteligência e sabedoria, especificamente em relação a grupos. Gostaria de perguntar ao Dr. Bion se colocarmos nossos pensamentos selvagens sob formato respeitável seria equivalente à inteligência, em oposição à sabedoria, ou em outras palavras, uma forma muito bem escondida de destrutividade?

Bion: Fica muito difícil responder a essa pergunta no caso dela se aplicar a nossos próprios pensamentos naquele momento. Não há maneira de se evitar o fato fundamental de que somos simultaneamente – sempre – dependentes e sós. Ao usar essas palavras, utilizo uma fala articulada relativamente bem desenvolvida a respeito de algo que é básico, fundamental, e que tem de ser experimentado. Até mesmo bebês têm de ser capazes de resolver este problema – bebês não gostam do sentimento de dependência; nem do sentimento de solidão, isolamento, e nenhum de nós gosta. Posso usar da minha imaginação especulativa, afirmando que bebês sentem poder expressar seus sentimentos de isolamento ao chorar, supostamente buscando a ajuda de seja o que for de que são dependentes: seio, mãe, pai. Tanto o bebê quanto seus pais têm este mesmo problema. O bebê que suspeitamos ser psicótico ou *borderline* pode ficar tão aterrorizado com seus sentimentos que os expressa chorando constante e incansavelmente por ajuda. Os pais, no entanto, se cansam e aí defrontam-se com um problema: vão acudir esse bebê ou vão se evadir dessa situação de insônia? Quando um indivíduo – por exemplo, aqui – sabe que tem algo a dizer, a questão é, se fala ou não, porque o indivíduo teme descobrir que existe, ou não existe alguém para ouvi-lo ou que *existe* alguém para ouvi-lo mas que esse alguém irá fugir. Incrementa-se, e não diminui um temor frente ao isolamento.

Podemos tornar proveitosa nossa situação presente ao tentarmos decidir se dizemos ou expressamos o que temos para dizer, ou não. Isto poderá não ser muito importante para nós, aqui e agora, mas no dia de amanhã o grupo ou a cultura poderão não ser tão amistosos. Aqui vocês podem expressar seja lá o que consigam expressar: angústias, alegrias, suas capacidades, e essa experiência determina o que irão expressar amanhã, de forma muito semelhante àquela capacidade do bebê de expressar o que sente – tudo depende da experiência que o bebê tiver durante sua primeira tentativa.

Usando nossa imaginação especulativa, consideremos um bebê iniciando seu nascimento, tentando sair de uma situação intolerável: o útero da mãe ou o líquido amniótico? O bebê poderia sentir-se responsável por iniciar a expressão de sua própria experiência, responsável por tornar óbvia sua própria existência. Na situação complexa ocorrendo agora, aqui, onde há tanta evidência, poderíamos detectar vestígios, vestígios bastante ativos de nossa ansiedade, nosso temor de expressarmos o que quer que seja que tenhamos capacidade para expressar? Pode ser que tenhamos medo de expressar nossos pensamentos que ficaram desgarrados, seja lá de onde surgiram, por temermos a recepção que eles possam ter? Então, o poeta, o pintor, o músico implícitos em cada um de nós não se expressa, temendo ser destruído.

Certa vez perguntaram a Winnicott: "por que se destrói o objeto bom?". Não fico particularmente impressionado pela questão, e nem pelo problema. No entanto, sugiro que temos uma oportunidade de perceber não *porquê* o objeto bom está em perigo, mas que a destrutividade fica estimulada pela presença de alguma coisa que pode ser destruída. Em outras palavras, há um prazer primitivo ganho pelo exercício da crueldade e pela destruição de algo que vale a pena ser destruído. Na medida em que somos capazes de ser pais, ficamos vulneráveis às forças que destruiriam aquilo que pais criativos ou potencialmente criativos podem criar. Temos de nos acostumar a nos descobrir como membros deste grupo ou cultura em particular, mas não conseguiremos nos acostumar ser membros deste grupo ou cultura a não ser que ousemos existir dentro deste grupo ou cultura.

> P: *Considero muito bonita, a imagem feita pelo Dr. Bion, iniciando a apresentação de ontem à noite: podia-se ter a expectativa de ver pensamentos selvagens flutuando pela sala. Mais tarde, no entanto, conjecturei se tais pensamentos seriam emanações do Espírito Santo; ou, se não foram, o que Dr. Bion estaria dizendo? Aguardei então*

uma solução para o mistério no início do Evangelho segundo São João, que nos diria onde estaria a Palavra e nos ajudaria a entender como a Palavra tinha se tornado carne. Mas nada do que foi dito depois ajudou-me com isto e, em particular, a longa discussão a respeito da dificuldade da aquisição da linguagem pelo homem, iniciando com grunhidos, deixou-me confuso. Senti que tal início foi contraditório: sumarizando, será que Deus – ou seja lá quem for – grunhe? Ou será que Ele fala?

P: Pensei em dizer para Dr. Bion que senti que o grupo proferiu um pensamento selvagem ao trazer este desejo que havia sido expresso previamente... Também penso que nossa discussão foi, de certa forma, uma manifestação de desejo e contando com a tolerância do Dr. Bion com a insistência na linguagem, gostaria de voltar ao assunto da música ...

(interrupção por ruídos externos)

Bion: Não consigo responder a essa pergunta. No entanto, vocês podem ver a resposta por vocês mesmos: das duas, uma: posso tampar meus ouvidos, para evitar escutar todo esse ruído e não terei de ouvir suas perguntas, ou posso levantar e sair da sala. Na verdade, com toda minha experiência, sou bem capaz de ficar surdo e cego àquilo que não quero ouvir nem ver sem tampar meus ouvidos nem fechar meus olhos. Sou também capaz de ter mobilidade geográfica – de fato, logo irei embora de Roma. Não me proponho a tomar o lugar das capacidades de vocês. Não me proponho a dizer porque abandono esta sala; ou porque fico surdo ou cego ao que me é dito, porque minha resposta seria preconceituosa – caso conheça tal resposta. Vocês têm total liberdade para usar suas capacidades de discriminação e pensarem o que quiserem a respeito de minha reação. Ser-lhe-á decepcionante; sei, a estas alturas, que sou apenas um ser humano e que portanto provavelmente farei o que qualquer ser humano faria. Quando uma pessoa for capaz de fazer afirmações apocalípticas, como as Revelações de São João, vai depender da existência de alguém preparado para ouvir aquele indivíduo que consegue transformar seus pensamentos e sentimentos em uma expressão verbal. Milton diz,

"Hail, holy light...may I express the unblamed?"[1]

No final desta passagem, que inicia o terceiro livro de *Paradise Lost*, Milton prossegue:

> *. . . from the cheerful ways of men Cut off, and, for the book of knowledge fair,*
> *Presented with a universal blank*
> *Of nature's works, to me expunged and rased, And wisdom at one entrance quite shut out.*
> *So much the rather thou, Celestial Light,*
> *Shine inward, and the mind through all her powers*
> *Irradiate; there plant eyes; all mist from thence*
> *Purge and disperse, that I may see and tell*
> *Of things invisible to mortal sight.*

Em "Revelações", São João enuncia o mesmo, em termos de uma luz expressa verbalmente, mas é *ele mesmo* quem o afirma verbalmente. Conseguimos ouvir tal expressão verbal? Além disso, podemos levar em consideração ou tolerar o significado além da expressão verbal?

94 SEMINÁRIO SEIS

Em *Bhagavad Gita*, Krishna expressa dúvidas sobre a capacidade de Arjuna em tolerar a visão, no caso de Krishna se revelar. Em outras palavras, depende do significado por detrás da revelação apocalíptica. Certas pessoas bem-dotadas são capazes de ousar expressar aquilo que conseguem ouvir ou ver: "No início havia a Palavra"; "Faça-se a Luz"; "The rising world of waters dark and deep, Won from the void and formless infinite. " (Nascente mundo de profundas, obscuras águas/ do infinito vazio e sem forma arrebatado)."[2]

Um matemático tentaria expressar "infinito"; um religioso tentaria expressar a Divindade (não se trata de Deus, mas "a Divindade"), um cientista tentaria encontrar a origem da luz (como tentou Newton, no estudo sobre óptica); Leonardo desenharia um quadro, dizendo, "É isto que vejo"; Giotto diria, "É isto que consigo ver". Nenhum deles, no entanto, pode *fazer-nos* ver ou ouvir aquilo que está sendo mostrado ou dito. Podemos ficar cegos, ou surdos, ou insensíveis ao compositor, o pintor, dramaturgo que pode estar dentro ou fora de nós. Aqui, não teremos de prestar atenção a ninguém – nem mesmo a nós mesmos ou qualquer um que seja "não eu". A vantagem de nos reunirmos é a possibilidade de fazer nossa própria escolha. Shakespeare colocou deste modo: "To be or not to be, that is the question".[3] Não responde a tal questão; mas acrescenta, "Whether it is nobler in the mind to suffer the slings and arrows of outrageous fortune, or to take arms against a sea of troubles, and by opposing end them?".[4] Uma escolha que ninguém mais, a não ser o próprio indivíduo, pode fazer, para si mesmo, por si mesmo. Cabe apenas ao individuo decidir ser, ou não ser.

> *P: Falávamos sobre pensamentos sem um pensador.*
> *Permitam-me contar-lhes sobre algo que, pessoalmente,*
> *achei muito impressionante, mas não consigo explicar*

racionalmente até hoje. Talvez, no final, seja muito mais simples do que imagino. De qualquer forma, por volta das onze horas da manhã de uma quarta-feira, recebi notícias muito tristes e aflitivas. No mesmo dia, um paciente iniciou sua sessão dizendo sentir grande dor. Até aí não fiquei surpreso mas, em seguida, o paciente trouxe um sonho havido na noite de terça-feira. Juntando o sonho e as associações ficou clara sua equivalência à mais perfeita descrição do evento que tinha me deixado tão triste. Quando encontrei Dr. Bion na semana passada, já estava pensando se uma situação como esta poderia ser chamada de comunicação.

Bion: Há tanta coisa que parece depender de classificações pré--existentes que podemos fazer, e, por isso, afirmo que na prática real de análise, na vida real – em oposição às teorias a respeito do que é a vida ou do que é análise –, podemos comparar os fatos. Ou existe algo de errado com a ciência, caso ela não permita que haja espaço para o crescimento do espírito humano ou da mente, ou temos de reconsiderar aquilo que chamamos de "fatos". O que é um psicanalista? Penso que Freud aspirou obter um padrão científico de acordo com as ideias que teve sobre o que era a ciência, naquela época. Penso que seu sistema não abriu espaço suficiente sequer para seu próprio desenvolvimento. Afinal de contas a citação "Há mais continuidades entre a vida intrauterina e a infância mais precoce do que a impressionante cesura do nascimento nos faria acreditar" (S.E. 20, p. 138), é de 1936, próximo ao final de sua vida.

O que acontece se alguém se permite ter uma experiência tal como a que acabamos de ouvir aqui? Penso que o analista que de fato participa da experiência, tem a possibilidade de decidir se tenta se comunicar – como o colega faz, aqui – e se seríamos capazes de

96 SEMINÁRIO SEIS

ouvir e compreender a comunicação. Caso opte por comunicar a experiência, qual linguagem usaria? A fala articulada será suficiente? Ou teria de ser um músico, um compositor? Ou teria de pintar? Em qualquer caso, requer-se coragem se a pessoa ousa publicar, comunicar sua experiência a quem não é ele mesmo. Isto poderá levar um longo tempo, seja na vida do indivíduo, que é, afinal de contas, muito curta, ou na vida do grupo. Esse triste episódio, essa experiência de tristeza, onde se originou? Poderia estar localizada geograficamente? Ou poderia se originar na mente do analista? Ou poderia se originar no relacionamento entre duas pessoas? Vou me refugiar na explicação relativamente sensata e dizer que ela se origina no relacionamento entre estas duas pessoas – os senhores podem ver quão *racional* isso seria, como estaria de acordo com as teorias da transferência e contratransferência e assim por diante. Mas suponhamos que não estejamos satisfeitos com tal explicação. Talvez então devêssemos ampliar nossas ideias sobre o que é a ciência ou nosso conhecimento sobre o sistema nervoso central e nossa capacidade para recebermos informação através de nosso sistema nervoso periférico e central. Podemos ficar cientes da informação trazida a nós pelos nossos "sentidos" – no sentido neurológico – através da estimulação dos nossos terminais nervosos. No entanto, as questões que foram levantadas aqui podem denotar que tenhamos de estar cientes da possibilidade de que há outros órgãos receptores dos quais não estamos cientes. Um médico que esteja interessado apenas no corpo poderá se basear naquilo que seus sentidos lhe dizem, podendo tomar precauções para que seja sensível ao universo em que vive. Neste caso, terá também de ser capaz de tolerar tal informação e tentar compreender o que ela significa. A mesma coisa se aplica à visão apocalíptica que de alguma forma pode nos ser comunicada pelos maiores de nossos predecessores, como Leonardo, Giotto, Newton, Milton. No entanto, antes de mais nada, temos de examinar o que eles nos mostram – a maioria das pessoas não o faz – e em seguida, enquanto examinamos, temos de nos permitir reconhecer o significado que vai mais além. É fácil desconsiderar São João com base em que ele era, bem, uma destas pessoas "estranhas". É fácil desconsiderar esse paciente em particular como sendo um psicótico ou psicótico *borderline*. Mas o que fazer quando há duas pessoas envolvidas, você e esse suposto psicótico *borderline*? Poderão ouvir o que essas duas pessoas dizem uma à outra e poderão estar cientes de que vocês não estão satisfeitos, de que há algo que não sabem.

> *P: Quando Dr. Bion fala sobre esse pensamento selvagem que, de alguma forma, aguarda que o expressemos, eu sinto que ele está falando de uma experiência infantil, tal como quando um bebê muito pequeno vive a emoção de perceber um pensamento próprio como se fosse um corpo estranho. Gostaria de saber sua opinião em três situações diferentes. Em primeiro lugar, quando é que cada um como indivíduo entra em contato com seus próprios pensamentos e como surge este acasalamento com os nossos pensamentos selvagens? Em segundo lugar, e isso talvez seja ainda mais interessante, como o acasalamento com tais pensamentos acontece na situação diádica da análise?*
>
> *Me parece que em um relacionamento entre duas pessoas há, de fato, uma multidão de personagens em ambos os lados e, portanto, me pergunto quem está pensando, por que estão pensando e como esses pensamentos se encontram. Parece haver uma multidão de pessoas com pensamentos selvagens indo e vindo o tempo todo. Mas o que acontece na situação de grupo quando o indivíduo, frente ao encontro com seus próprios pensamentos,*

está muito mais só e, de certa forma, muito mais fragmentado que na situação diádica? Na situação diádica da análise parece que somos várias pessoas diferentes. Na situação de grupo o que acontece é como uma espécie de fragmentação e delegação de algo de cada um para outra pessoa com o intuito de tornar o encontro com o pensamento selvagem menos dramático. Resumindo, como, na situação diádica, a Palavra é tornada carne no indivíduo e, em um outro nível, na multidão representada pelo grupo?

Bion: Chegamos a essa situação demasiado tardiamente. Somos tão instruídos que tornou-se praticamente impossível chegar à sabedoria. Podemos começar aprendendo o alfabeto – a, b, c: algo estúpido, enfadonho. Se persistirmos, aprenderemos a juntar – g ... a ... t ... o – então alguém poderá falar, "gato", relacionando com uma pintura ou um animal. Se houver continuidade nesse processo, poderemos aprender a juntar palavras, descobrindo então que sentenças possuem significado. Dessa forma poderemos alcançar uma etapa na qual será quase impossível ver palavras quando confrontados pelo alfabeto; finalmente, não conseguimos detectar qual significado as palavras possuem. Poderemos estar tão bem instruídos que é quase impossível perceber que a vida possa ter um significado. Portanto, é necessário descobrir algum processo que nos habilite esquecer aquilo que aprendemos, para tornar-nos sensíveis para os sentimentos e pensamentos fundamentais e básicos, que possam ainda ter sobrevivido – é possível que haja algum vestígio de sabedoria na raça humana. Não quero aderir particularmente a nenhuma posição otimista nem pessimista, se puder evitar, mas é difícil permanecer cego à possibilidade de que agora conhecemos tanto, a ponto de sermos virtualmente incapazes de sermos sábios. Podemos olhar para uma escultura; ou uma palavra escrita; podemos ler as Revelações de S. João – elas podem não significar nada se formos tão sabidos a ponto de não conseguirmos ver o significado daquilo que nos é assinalado. Não vejo qualquer alternativa que possa permitir-nos praticar, em oposição a teorizar; viver, ao invés de teorizar sobre a vida. Victor Hugo sugere que o mundo físico do qual estamos conscientes é, na realidade, a criação de algum Deus ou Espírito. Outra dessas pessoas bem-dotadas afirmou, "os céus declaram a glória de Deus: o firmamento demonstra seu trabalho prático" (Salmo 19). Até mesmo astrônomos estão tentando ler – não livros mas os próprios céus. Uma outra pessoa poderia se dedicar à observação desse mesmo universo através de um microscópio. Desta forma, o grupo como um todo possui ampla visão – podemos examinar esse universo no qual nos encontramos com microscópio; ou com um refletor de 200 polegadas; ou com radiotelescópio. Entre nós poderia haver alguns oferecendo alguma pequena contribuição de modo semelhante àquela feita por alguém que contribuiu para quem, e para o quê somos hoje.

Antes do nascimento, em algum ponto, poderíamos sentir, com razoável racionalidade, nossa condição de indivíduos dentro de outro indivíduo. Qualquer comunicação existente entre o ambiente do útero materno e o bebê depende de algum tipo de contato entre os dois, seja físico ou outra coisa. O embrião, no estágio correspondente a três somitos – quando começam a se formar fossas ópticas e auditivas – seria capaz de receber algum tipo de impressão? Quando a mãe adquire consciência de ter uma pessoa dentro dela? Penso que, em estágio mais tardio da gravidez, a mãe fica ciente de proezas atléticas desse objeto dentro dela. Será algo que crescerá como criatura violenta que vai atacar o corpo a partir do lado de fora? Ou vai se transformar em alguém que pratica ballet?

Essas questões podem ser estimuladas agora, após este encontro, ou amanhã, e assim por diante, enquanto existirmos. Podemos tentar ler os escritos, os monumentos que nos foram legados, mas há também o problema de ler o universo que se impõe sobre nós *agora* e no qual, como afirmei, podemos também ser embriões em contato com um meio gasoso. Se você tem capacidade para fazer pinturas, será melhor que aprenda isto o mais cedo possível. Se você é capaz de compor um vocabulário musical, palavras e sentenças musicais, será útil conhecer esta capacidade. Se você for escritor, será melhor que aprenda um vocabulário e como utilizá-lo. De nada te serve aprender *meu* vocabulário – isto pode ser útil à guisa de fase transitória, num ponto no qual você se encaixa na trajetória de descobrir seu próprio vocabulário – e como utilizá-lo. É por isso que minhas respostas a estas perguntas não importam para nada. Minhas respostas constituem simplesmente um conhecimento, que, no instante em que é obtido, age como obstrução às suas próprias descobertas. De modo similar, é bastante útil conhecer qual é essa cultura, desde que a cultura não assuma o lugar onde você mesmo está. O espaço que você ocupa não pode ser ocupado por outra pessoa sem sacrificar você mesmo.

> *P: Meu comentário não se dirige ao Dr. Bion, mas às pessoas do grupo. Parece-me que Dr. Bion está sugerindo que não aperfeiçoemos nossa aprendizagem mas, talvez, que poderíamos compartilhar de um momento criativo, um pouco como o compartilhar da criatividade de Rafael ao contemplar a Mona Lisa (perdão!). A Mona Lisa jamais nos fornecerá respostas aos problemas de nossa existência pessoal, muito menos da nossa existência científica; no entanto, penso que ao refletir sobre a ambiguidade da Mona Lisa possamos estar numa posição um pouco melhor para aceitarmos nossas dificuldades pessoais; e para vê-las sob uma luz mais clara. Nosso*

contexto, neste seminário, talvez seja ambíguo porque provavelmente todos nós lemos Bion e aprendemos algo sobre sua enorme atenção às questões.

Estou errando caso venha munido de expectativas de que Bion seja capaz de responder questões que levantou nos livros que escreveu. No fundo, talvez a verdade seja que, neste contato pessoal com Dr. Bion, vamos apenas confirmar o fato de que uma aceitação de questionamentos, dentro de nós mesmos, será a única maneira de estimular o processo extremamente doloroso representado por nossa criatividade pessoal.

Bion: Penso que é isto que psicanalistas tentam expressar quando falam de um "relacionamento transferencial" – ou seja, possuímos preconcepções de que existe uma espécie de autoridade, um pai ou uma mãe, que sabe a resposta. O objetivo na análise é o de esclarecer esse ponto, não para que você continue a sentir como aquela pessoa é importante para o restante de sua existência, mas porque pode-se depois descartá-la, dando espaço para ideias que você talvez queira expressar. Neste interim, pode parecer que o analista ocupa uma posição cada vez mais importante, mas isso precisa ser uma questão apenas transitória, uma questão que chama a atenção para o fato de que você supõe que o analista conheça isto, aquilo ou aquilo outro, tal como um dia você achou que ocorria com seu pai ou mãe. A importância da posição do analista é trazida à luz para poder ser descartada. A suposta autoridade torna-se redundante, a posição do analista já não é útil. Por isso é importante aprender, se possível, durante o estágio de transição, quem é o músico, o pintor, o poeta que está lutando para se soltar de dentro de cada um.

Acertada ou erradamente nos comportamos como se pensássemos que existe tal coisa como uma mente, um caráter, um espírito.

102 SEMINÁRIO SEIS

Existem inúmeras descrições inadequadas – alma, espírito, superalma, ego, superego, id. Nenhuma delas ilumina muita coisa. No entanto, quando você está vivendo sua vida cotidiana, ou está em seu consultório, e cruza com outro "algo" – como o paciente que pareceu sonhar o fato, tristeza – como você vai vestir esta descoberta, em palavras, e quais serão as palavras com as quais você construirá tal vestimenta?

Notas

1 Uma versão do sentido, sem tentativas de manter a formulação puramente poética na língua inglesa, pode ser: Ó, luz Divina...como expressá-la sem blasfêmia? Logo depois, John Milton escreve não estar mais fascinado por aspectos beatíficos em faces humanas, sentindo-se cercado por pesada serração, impondo-lhe cegueira eterna, desconhecimento daquilo que é sábio e natural, clamando por um brilhar interno à mente da "Luz Celestial"; mente que, após tal invocação, irradia toda sua força, permitindo um plantar de visão tal que purga e, mais ainda, também dispersa toda e qualquer névoa, permitindo ao ser invocador, ver, e também relatar, aquilo até então invisível à visão mortal.

2 Citações parciais do Gênesis e do início do livro III de *Paradise Lost*, que se constitui como comentário poético de John Milton ao texto bíblico. Optamos por lançar mão de versões em português consagradas pelo uso do Velho Testamento e também pela versão em português de um dos revisores, em *Transformações*.

3 Versão clássica, hoje mundialmente popular do teatro poético de Shakespeare em Hamlet: "Ser ou não ser: eis a questão"

4 "Será mais nobre permanecer nossa mente alvejada e apedrejada por enfurecido Destino, ou insurgir-nos contra um mar de dificuldades, em luta para terminá-las?"

SEMINÁRIO SETE

Roma, tarde, 16 de julho de 1977

Bion: Alguém sente urgência em expressar alguma ideia ou tem alguma ideia para ser manifestada?

> P: Gostaria de formular uma pergunta: sobre o pano de fundo do pensamento informal dos últimos dias e influenciado por afirmações de Dr. Bion nos encontros durante a semana passada, por diversas vezes me ocorreu a questão de um conceito de tempo. O modo pelo qual as coisas emergem, aqui e agora, pareceu-me ser peculiar à situação de grupo, mas também me veio que ocorre na situação diádica – não apenas como um truque profissional, mas como única possibilidade de se relacionar, ou melhor, de existir. Bem, como Dr. Bion vê o tempo? É uma propriedade do espaço? É o ato de vinculação ou o vínculo consciente entre dois ou mais

espaços? É o modo como percebemos nosso espaço mental como algo vivo, preenchido de objetos vivos? ...Como poderíamos nos assegurar de que o conceito de relatividade, como decorrência da abolição de definições, não coincide com estagnação?

Bion: Seria interessante saber o que estimulou ou causou o início deste tópico. Na medida em que foi iniciado *aqui,* talvez possa se formar alguma ideia a respeito da fonte de onde derivou tal problema. Podemos ouvir a pessoa real que formulou essa questão e, portanto, podemos localizar dentre todos nós de onde – o ponto geográfico específico – emergiu essa ideia de "tempo". Ademais, podemos sentir o desejo de localizar o espaço, a partir do qual esta ideia se originou – pareceria ser um ponto específico, o qual poderíamos descrever dando o nome da pessoa que formulou a questão; ou perscrutando a sala, para descobrir o local de onde teria surgido. Até agora, a questão permanece dentro da capacidade de nossos órgãos sensoriais. Podemos usar nossos olhos, e também nosso sentido de audição; podemos também usar ambas as capacidades – aquela dos dois ouvidos juntos e a capacidade binocular – para ver um ponto de interseção. Suponham – em outras palavras, imaginem, usando sua imaginação especulativa – que este nosso grupo tenha um caráter. Vamos continuar com mais uma suposição adicional, mais uma especulação: será que o fato de existir uma expressão deste tipo de pensamento ou ideia pode ser considerado como evidência da existência da mente ou do caráter do grupo? Poderíamos compará-lo a outro aglomerado de pessoas? Elas também forneceriam evidências de estarem interessadas nesta questão de espaço e tempo? Me parece que sim: caso consulte o jornal de hoje, vejo uma data. Está escrito lá que na opinião de uma pessoa – e isso geralmente não é contestado – ocupamos um ponto particular no tempo. Se observarmos um jornal publicado hoje, teremos

WILFRED R. BION   105

evidências de que alguém acredita que estamos em um espaço geográfico em particular: se observarmos os monumentos de pedra vemos o que parece ser a evidência de grupos que também pensavam da mesma forma, numa época diferente da atual. Portanto, parecem haver evidências, pelo menos para mim, da existência de uma mente humana. Ficaria surpreso se algum cientista ficasse convencido de que isso seria evidência da existência de uma mente humana. No entanto, posso perguntar a este tipo de cientista se ele teria evidências para supor a existência de um comportamento civilizado ou de grupo; isto dependerá do que consideramos como "evidência". Estamos familiarizados com pessoas que consideram os psicanalistas completamente descontrolados em relação às nossas teorias e hipóteses. No entanto, gostaria de saber aonde diverge o critério do cientista que se dedica ao estudo da Física, e como considera aquilo que *ele acredita* ser evidência dos fatos, daquilo que *eu* considero critério e evidência, na falta de outros melhores.

Se observarmos um grupo de crianças pequenas vemos sinais do tipo de coisa que eu mesmo teria pensado quando tinha a idade delas. Posso supor que havia uma época em que notei algumas coisas que se apresentavam a meus sentidos, mas não estavam ao meu alcance; portanto, teria de recorrer a algum tipo de locomoção para alcançá-las. Algo que poderia suscitar um sentimento; o qual poderia se desenvolver em uma ideia posterior, de que existia algo como tempo e espaço que me separava do objeto que se apresentava a meus sentidos. Poderia manter esperança em poder me recordar de quase todos os estados de mente nos quais estivesse, em algum momento, e pudesse utilizar tal conhecimento ou experiência como as utilizo agora, para reavaliar evidências de tempo e espaço. Em quanto seria acrescida a validade que atribuo à evidência de que dependo deste relógio de pulso – um fragmento do que são as máquinas modernas – ou quão maior seria o valor que posso atribuir a algo que consigo ver com ajuda de um microscópio ou de rádio telescópio ou algo intermediário? Devo avaliar minha ideia atual sobre tempo e espaço frente à ideia de tempo e espaço que eu teria se eu fosse um bebê faminto tentando obter o que consideraria como algum doce muito gostoso, do qual estivesse distante? *"Le silence éternel de ces espaces infinis m'effraie"* (Pascal, *Pensées*).[1] Não conseguiria dizer isso se eu fosse um bebe. Mas conseguiria *senti-lo*. Sentiria como algo terrível, se tivesse que conseguir tempo e capacidade atlética para sair daqui e rumar até lá. Enquanto isso, ficaria faminto em relação à satisfação sensorial que ansiava obter.

Se temos mentes e necessidade de satisfazer nossa curiosidade, temos de encontrar um modo para satisfazê-la, ou uma escala de medidas. Fico imaginando: isto tem qualquer coisa a ver com a realidade? Ou tem mais a ver com nossa natureza pouco efetiva? Pude ler que mensurações através do centro da galáxia, estimaram a distância entre a nebulosa da qual o Sol faz parte: 108 milhões de anos luz. Daqui a 108 milhões de anos luz, iremos reocupar o mesmo espaço que ocupamos no presente momento, no espaço absoluto. Não sei se alguém aqui se sente mais sábio com isso. Não é o meu caso. No entanto, soa altamente inteligente e sábio. No que se refere a mim, significa praticamente nada, exceto que alguém está se sentindo melhor.

Recaímos então em algo mais simples: dizemos que nos encontraremos hoje às quatro, ou à noite, às nove e quinze. Isto será suficiente para usarmos nossa capacidade pueril de engatinhar mentalmente.

> P: *Entre onipotência e impotência, entre dependência e solidão, há pensamentos sobre o poder que não sei como pensar.*

Bion: O que traz, novamente, o problema para uma área na qual parece que somos capazes de trabalhar efetivamente, ou seja, quando descobrirmos que não sabemos pensar, apesar de aparentemente possuirmos o aparato que talvez possibilitasse-nos fazer isto, então ao menos podemos tentar aprender a como utilizar o tanto de capacidade para pensamento que *de fato* temos. Isso pressupõe ainda que possuímos uma capacidade para pensar, que possuímos um cérebro ou um SNC ou um sistema nervoso simpático que de alguma forma nos capacita a pensar. Se tal pressuposto for correto seria necessário aprender como utilizar esta capacidade recém descoberta. No presente momento penso que a vasta maioria de nós simplesmente assume que *é claro* que podemos pensar. E o que *eu* acredito que sejam pensamentos, outros podem considerar como sendo disparates – uma solução simples para o problema. No entanto, quando descobrimos que *não* sabemos como pensar, apesar de que aparentemente estamos capacitados a utilizar o nosso SNC e os sentidos que tal sistema nos disponibiliza, a questão é: sabemos o significado daquilo que os nossos sentidos nos dizem? Nossa presunção é: compreendemos o significado daquilo que nossos sentidos nos fornecem; parece, de fato, que nos encontramos aqui, usando nossos sentidos, ou seja, estando cientes de qual é a informação que os nossos sentidos nos fornecem bem como compreendendo o significado de tal informação. Não é uma descoberta particularmente profunda; mas nossas ambições podem ser estimuladas a conseguirem um pouco mais que isso. Há algo a ser dito sobre a ideia de que, se conseguimos cooperar, se conseguimos chegar a esta sala ao mesmo tempo, então talvez possamos colaborar o suficiente para alcançar mais do que isto. Poderíamos debater essa questão, iniciada por alguém que perguntou sobre tempo e espaço. Em seguida, se conseguirmos colaborar ainda mais, poderemos, através do nosso conhecimento conjunto, fazer outras incursões em nossa ignorância.

108 SEMINÁRIO SETE

P: Tenho uma pergunta. Um dos pilares do trabalho de Freud é o princípio de realidade, que também é um dos parâmetros fundamentais para a avaliação do trabalho analítico. Também me parece que a maioria de nós, quando se refere à realidade com o intuito de medi--la, avaliá-la e aferi-la, como regra refere-se a toda uma série de parâmetros espaço-temporais. Acredito também que um dos fundamentos do pensamento e do trabalho de Bion é a referência à verdade, e assim pergunto qual o uso que pode ser feito destes parâmetros espaço-temporais. Não estou dizendo que não haja qualquer referência em Freud ao problema da verdade – por exemplo, ele o menciona explicitamente, no final do caso Schreber, quando questiona se há mais verdade no modo científico de expressão ou no modo de Schreber. Pergunto-me se há parâmetros ou coordenadas que possam nos ajudar a sentir que estamos lidando com a verdade (além dos efeitos – por exemplo, nos sentindo melhor ou pior ...)

Bion: Penso que poderíamos resistir à tentação, à sedução de acreditar em nossa própria onipotência e onisciência. Temos evidências suficientes de que não somos onipotentes, nem oniscientes. Não somos bem-sucedidos sequer em executar as coisas mais simples. Nossa reação à descoberta, tantas vezes repetida, de que não somos onipotentes ou oniscientes é quase sempre a de nos virarmos para a direção oposta. A crença em nossa onipotência e onisciência foi erigida diretamente sobre o fundamento de nosso conhecimento de que somos ignorantes e incompetentes. Vou dizer a mesma coisa de uma forma que pode parecer diferente: nossos sentimentos de desamparo, ignorância e incapacidade nos são apresentados por serem alicerçados sobre o fundamento de nossa onipotência e onisciência. Quanto mais pensamos ser onipotentes e oniscientes mais certo será que perceberemos que não somos nada disso. Assim, oscilamos entre um e outro e estamos constantemente fazendo a jornada entre A e B.

Isso poderá apontar para a direção de estabelecer algum valor absoluto, como fazem os matemáticos, mas também se aproxima de ter que inventar ou criar ferramentas com as quais possamos pensar. Uma pessoa, ao tentar analisar a mente de alguém que não seja ela mesma, ou o relacionamento entre duas mentes, tem também de inventar ou criar as ferramentas adequadas – que tem a esperança de usar. Aqui, podemos nos observar e ouvir tentando aprender como pensar. Este espaço em particular e este silêncio em particular são tão penetrantes que nos assustamos com eles. Repetindo a citação de Pascal "*Le silence éternel de ces espaces infinis m'effraie*". Nos assustamos com a qualidade penetrante do silêncio. Não é apenas uma questão de termos medo do que dizemos e pensamos e tornamos audível, é também medo do que *não* dizemos. Os músicos têm uma maneira de ativamente simbolizar isso com coisas que eles chamam de "pausas" podendo considerar a "pausa" como sendo uma parte integrante da música. Se a orquestra está realmente em contato com a realidade à qual ela pode dar expressão, então às vezes a cooperação entre os vários instrumentistas e o maestro será diferente do que seria em outras ocasiões em que estariam tocando a mesma peça musical. Pode-se dizer que a orquestra fez uma excelente apresentação de, digamos, a Quarta Sinfonia de Brahms. Qual peça de música estamos expressando aqui – "As Obras Completas de Freud"? "A História da Filosofia"? "A História da Religião"? Conversamos sobre sermos "psiquiatras" e "psicanalistas". Somos? Ou nos tornaremos algum dia?

Wordsworth escreveu: "For I have learned: To look on nature, not as in the hour Of thoughtless youth; but hearing often-times

The still, sad music of humanity" ("Lines Composed a Few Miles above Tintern Abbey, on Revisiting the Banks of the Wye during a Tour").[2]

Acreditamos estar em contato com nossos semelhantes humanos. Quando amanhã vocês derem uma interpretação, estarão seguros de que ela chegará a expressar a música da humanidade? Ou um restinho dela que entrou no consultório de vocês?

Notem que introduzi um elemento de ritmo, de tempo. A maioria de nós provavelmente tem a experiência de ocasionalmente sentir que "aquela foi uma boa sessão", quando estávamos verdadeiramente juntos com algum de nossos pacientes. Estávamos agindo em conformidade a um ritmo, mesmo que não conseguíssemos descrevê-lo ou gravá-lo.

> *P: Permita-me sugerir uma coisa. Caso consideremos a etimologia, pensare ("pensar", em italiano) significa adotar um peso, pondus. O mesmo vale para ponderar no sentido de pesar – são todos sinônimos. Cogitare, por outro lado, é interativo com cogere, que significa constranger. Assim, penso que um conceito de massa e gravidade poderia ser introduzido na teoria do pensamento. Pensar seria o equivalente a ser compelido a suportar ou levantar pesos. Neste caso, poderíamos imaginar uma espécie de gravidade aplicável ao pensamento e que também deforma seu espaço. Minha questão é: podemos dizer, "Dê-me um ponto de apoio, dê-me um sinal de apoio: erguerei um pensamento para você"? E também, o grupo em geral, seria um instrumento mais capaz, ou menos capaz de agir como alavanca para erguer pensamentos?*

WILFRED R. BION 111

Bion: Seu uso metafórico demonstra que, em algum momento, seres humanos se conscientizaram desse "peso". Surge nesse momento, porque este uso ainda não tem sido suficientemente bom. A questão é, se o grupo poderá refinar a capacidade de pensamento até agora adquirida. *"Mene, mene, tekel, upharsin"* (Daniel 5:25)[3] – uma frase apelando, claramente, para a linguagem que usamos habitualmente para descrever quantidade ou peso. O problema hoje é, se vocês estão ou não capacitados para serem suficientemente sensíveis, seja aqui ou em seus consultórios ou em suas residências, capazes de ouvir a menção desses pesos e medidas? Poderiam então considerar o que estes pesos e medidas mensuravam naquele estado de mente? Se a resposta for positiva, talvez possamos acrescentar uma dimensão à nossa capacidade para pensar. Poderemos não ter muito progresso, mas o fato de que estamos pensando pode fortalecer nossa musculatura mental. Poderia este grupo pensar e falar e debater de forma tal que a nossa capacidade mental fosse capaz de carregar uma carga maior ao final de uma hora, um dia, uma semana, comparada ao início?

> P: *Desejo acrescentar duas coisas ao que o colega disse, sobre a possibilidade de existir um ponto de apoio no qual se firme um pensamento. A primeira é, se esse ponto de apoio pode ser pensado em relação à referência ética, em vez de estética, do grupo. O segundo ponto é completamente distinto: refere-se à ideia de peso de Leonardo da Vinci, a qual não consigo lembrar em detalhes, mas que citarei em partes. É mais ou menos assim: "O amante se move em direção ao objeto amado tal como o sentido em direção ao sensível ..." Não me lembro da citação completa mas num certo ponto ele afirma: "se o objeto amado é vil o amante se torna*

vil e, se o objeto amado é bom ele fornece satisfação e gratificação". Em seguida há uma referência ao peso: "Então o amante repousa e o objeto lá se instala" – a qual eu gostaria de juntar à ideia de descansar em algo. Peço desculpas porque já faz algum tempo que li esta citação. Me indaguei se este repouso, a possibilidade de colocarmos nosso peso em alguma coisa possa ser a reação, numa situação de grupo, ao que podemos imaginar como a referência ética, ou seja, a possibilidade de se respeitar o pensamento do outro. O exemplo que me ocorreu hoje de manhã foi o do ensaio de Freud sobre Leonardo da Vinci, no qual ele coloca algumas hipóteses a respeito de Leonardo respeitando seu pensamento no nível estético sem cometer qualquer violência a ele. Gostaria de saber sua opinião, Dr. Bion.

Bion: Leonardo foi uma dessas pessoas que aparentemente possuía uma mente muito bem-dotada, uma grande personalidade. De fato, seu legado ainda exerce poderoso efeito sobre pessoas que vivem séculos após a sua morte. Horácio foi outro habitante a quem se supõe ter vivido geograficamente nesta área. "Ode a Pyrrha" atormentou enorme número de pessoas; descreve consequências dolorosas de ter se apaixonado pelos cabelos dourados de Pyrrha. Ao navegar naquele mar específico aparentemente sofreu um naufrágio; pendurou as próprias roupas molhadas como memorial à experiência. Olhar as paredes de um túmulo etrusco e ver um desenho da provável roupa usada pelo habitante é, para mim, comovente. Essa é uma representação gráfica do que parece muito com um estado mental: expressaria uma dificuldade semelhante à paixão do amor. Parece claramente haver algo aproximando dois seres humanos e independentemente de qual for a resultante desta

WILFRED R. BION 113

união – pode constituir um naufrágio, ou uma jornada contínua – parece ser sempre uma experiência muito estimulante. Portanto, aqueles que estão dispostos a se lançarem aos tempestuosos mares do amor estão se arriscando a uma dolorosa e assustadora experiência de naufrágio. O nosso problema aqui envolve não apenas ser capaz de pensar intelectualmente, mas também se podemos ser capazes de sentir emocionalmente. Vou colocar a questão novamente: a quais pensamentos selvagens e quais sentimentos selvagens vocês estão dispostos a ousar darem guarida?

P: Estive nutrindo um pensamento selvagem por cerca de três quartos de hora. Preciso contar a história de um filme sobre o qual pensei quando Dr. Bion falou sobre onisciência, onipotência e sair do espaço. O título é Phase IV;[4] um filme de ficção científica. A trama é sobre dois cientistas, um etólogo e um acadêmico especialista em cibernética que têm de investigar uma invasão de formigas em algum lugar da América. Ao chegarem, encontram totens, monumentos construídos pelas formigas. Nas cercanias, constroem um "biodomo". O etólogo detona os monumentos, provocando uma fuga caótica das formigas, a partir dos pedaços de terra. Os homens tentam destruir as formigas com um ácido amarelo. Pouco a pouco, e em pequenas quantidades, formigas sobreviventes removem este material amarelo. Em seguida essas formigas amarelas circundam o domo, construindo pirâmides ou paralelepípedos parecidos com pirâmides, colocados de forma tal que refletem a luz solar sobre o domo. Neste ponto um novo elemento muito importante é introduzido na história: uma garota, sobrevivente dos ácidos amarelos, junta-se aos cientistas no domo. O etólogo, ao

114 SEMINÁRIO SETE

estudar as formigas in vitro é picado por elas e a garota tem um ataque histérico, quebrando os tubos de ensaio. O etólogo, decidido a destruir as formigas, sai do domo para arrebentar as pirâmides que focam o calor do sol para o domo e que aumentam sua temperatura. Nesse interim, o especialista em cibernética consegue estabelecer um relacionamento humano com a garota e, para realizar um contato, faz um quadrado para as formigas – ou, em outras palavras, tenta usar este quadrado como uma linguagem. As formigas respondem com dois círculos de tamanhos diferente, um dentro do outro. Neste momento a garota sente a necessidade ou possivelmente o desejo de se sacrificar – em outras palavras, pensa que as formigas desejam a ela. Então ela sai. O etólogo, agora completamente enlouquecido pelas picadas das formigas deixa o domo, sendo morto pelas formigas. O especialista em ciência cibernética, extremamente perturbado por tudo isso, decide procurar a rainha, descendo por um túnel afunilado, com a esperança de encontrá-la ali. Em vez da rainha, encontra uma mão, e em seguida, a garota. A partir daí o filme segue outra direção, terminando com um homem e uma mulher caminhando nas colinas que haviam sido transformadas pelas formigas – não sei o que acontece então, talvez eles façam um outro filme.

Bion: O que me surpreende sobre isto é que não consigo imaginar como as suprarrenais poderiam jamais obter uma forma de expressão, apesar de conseguir enxergar que dentro de um espaço de tempo relativamente curto, algumas centenas de anos, vestígios das atividades das suprarrenais poderiam emergir na mente humana. Aí então, as pobres substâncias glandulares pouco evidentes poderiam finalmente encontrar um modo de expressão, auxiliadas pela maquinaria do cinema, projetores de cinema e propaganda em massa. Assim, temos uma representação moderna de fuga e luta que, com a sabedoria acumulada da raça humana pode produzir um método moderno de dispersão da mensagem que as suprarrenais provavelmente nunca poderiam ter expressado. Dessa forma talvez também seja possível adicionar uma pequena parcela ao todo, ao chamar a atenção para a imaginação especulativa e à razão especulativa elaborando uma continuação ao conflito entre as capacidades para fuga, luta e para dependência. Até o presente momento o animal humano tem se mostrado muito bom para destruir seus rivais. Ocasionalmente, não chega a ser tão bem-sucedido: em 1918 houve um surto de gripe ou, em espanhol, "flu" ou "pirexia de origem desconhecida" – PUO. Num curto espaço de tempo – poucas semanas – aqueles minúsculos objetos – vírus – exterminaram um número maior de seres humanos do que os próprios seres humanos conseguiram destruir durante a guerra. Nossa capacidade de autodestruição quase que não necessita de incremento. Há muitas forças aguardando para realizar esse trabalho e dar um fim às capacidades criativas que possuímos. Quem sabe alguém gostasse de escrever o argumento de um filme de guerra entre suprarrenais e gônadas. Talvez terminemos impotentes ou inférteis ou talvez tornando o mundo inabitável porque havia muitos de nós. Vou aguardar, apesar de que talvez não viva o suficiente, para ver a continuação daquele filme. Talvez não seja apenas um filme. Talvez neste tempo presente devêssemos preparar nossas mentes e capacidades para perigos futuros para os quais os nossos perigos atuais e passados são apenas um aperitivo. A capacidade para pensar precisa ser estimulada de forma tal que fique muito mais capaz e robusta do que atualmente. Até nossa capacidade para debatermos aqui é facilmente afetada pela visão de um helicóptero sobre o edifício; por um cão latindo; pelo tráfego dos automóveis.

Uma capacidade para pensar e debater com tal vulnerabilidade, não é suficientemente boa. Como subproduto desse debate, fiquemos com a esperança de obter um método de pensamento mais forte, mais robusto e mais preciso.

Nesse ponto, o que ouvimos no início deste encontro nos diz, novamente: é chegada a hora de nos dispersar.

Notas

1 "O silêncio eterno destes espaços infinitos me assusta".

2 "olhando para a natureza, (mas nos anos impensados da juventude) ouço frequentemente a suave, triste música da humanidade" ("Poesia Composta Poucas Milhas acima da Abadia Tintern", ao revisitar as margens do Rio Wye, durante uma viagem, de William Wordsworth (1770-1850)); um dos poetas preferidos por Bion, considerado o maior romântico na língua inglesa. A gravação foi interrompida: é possível que Bion tenha feito a citação completa; caso contrário, o entendimento sofreria; regras de edição permitem-nos completá-la.

3 "Mene, mene, tekel, upharsin": autor desconhecido de inscrição em parede do palácio do rei Belshazzar, na Babilônia. Interpretadas por Daniel como uma previsão da morte do rei e de sua dinastia, explicando ao rei que Deus havia "quantificado" o reinado, que "deixar a desejar", após ter "pesado" (avaliado) o próprio rei. A divindade decretou a divisão do reinado entre Medas e Persas (Daniel 5: 1-28).

4 *Phase IV* (1974): filme do gênero terror e ficção científica, com direção de Soul Bass.

SEMINÁRIO OITO

Roma, noite, 16 de julho de 1977

Freud ficou impressionado com certas cesuras; e há incontáveis cesuras. Nascimento e morte parecem criar turbulência mental. É possível que todos nós nos demos conta da perturbação, ao nascermos, com a mudança de fluidos, do aquoso ao gasoso: do líquido amniótico para o ar. No entanto, o nascimento de outra pessoa cria perturbações naqueles que já existem – em geral, a mãe e o pai. Morte também causa perturbações nos sobreviventes; no entanto, isso não significa que o nascimento ou a morte tenha alguma importância no que se refere ao indivíduo. Podemos facilmente imaginar que, se falhamos para nascer adequadamente, este fato criaria uma perturbação; o mesmo, se falhamos para morrer ou para ficar adequadamente mortos.

Ao estudar medicina, fiquei familiarizado com um ditado: "Não tente manter a vida oficiosamente", o que significa, "não saia do seu caminho com intromissões para manter alguém vivo". Graças aos cientistas, ficou possível manter em funcionamento certas

118 SEMINÁRIO OITO

funções corporais – não sei para o benefício de quem. Recentemente houve um caso notório: os pais, extremamente ansiosos para que uma enorme aparelhagem fosse desligada, para que sua filha, a paciente, pudesse morrer. Houve completa desconsideração com tal desejo. Opositores à vivissecção costumavam protestar contra preparações fisiológicas para manipulações neuromusculares em animais utilizados para aulas dos estudantes de fisiologia. No caso a que me refiro, um ser humano foi usado como se fosse uma preparação fisiológica para manipulação neuromuscular. *Cui bono?* Em benefício de quem?

Voltando àqueles períodos que parecem criar poderosa impressão nas pessoas: bebês nascem; pessoas morrem. A partir do momento em que estamos vivos, podemos morrer a qualquer tempo. Quantos funerais iremos oficiar? Quantas mortes iremos exaltar em rituais turbulentos? Cada um de nós, que está existindo no início de qualquer encontro – como este – deixou de existir a quase cada segundo do tempo que passou no encontro. Todos nos transformamos em pessoas diferentes. O que éramos antes não é importante, rapidamente se torna passado. Nada podemos fazer quanto ao passado.

Costumo dizer que episódios, ou mesmo períodos parecem liberar algum tipo de tumulto emocional – nascimento, adolescência, latência, casamento – tendo como consequência a atribuição, em alto grau de importância, a essas cesuras – quando se impõem à nossa atenção. A turbulência emocional tem consequências: todo tipo de elementos aos quais habitualmente não prestamos muita atenção e dos quais não estamos cientes se agitam; vêm à tona. São tão notáveis que, frequentemente, atribuímos algum nome para estes elementos. Meu resumo disto está em uma palestra,"Fracasso, Colapso, Avanço". Quase que poderia dizer: "Escolha sua proposição". No entanto, como analistas, será necessário utilizar essas palavras com cuidado: no caso de mencionar "fracasso", ou "colapso", precisaremos ter claro, para nós mesmos, sob qual sistema de coordenadas estaremos mensurando o sentido do fracasso ou colapso. Vocês precisam fazer seus próprios vocabulários mantendo bem claro, para vocês mesmos, o que *querem* dizer ao mencionar uma palavra específica, e assim poderão sempre usá-la consistentemente. Pois há pessoas que não se acostumaram a ter cuidado quando falam, "Aquele ali teve um colapso", ou "fracassou"; estas pessoas vão tentar coagir vocês caso enunciem palavras como estas. Penso que vocês não precisam evitar uma sedução pela crença que alguém esteja tendo um colapso – as pessoas podem ter algum fracasso momentâneo, ficar "brecadas" de algum modo em seu percurso, qualquer que ele seja, mas vocês precisam dar uma oportunidade para vocês mesmos, no que tange a chegar à sua própria conclusão a respeito do sentido do fracasso. Não precisamos argumentar o ponto, socialmente: discutir o assunto socialmente. Podemos concordar e recair no uso cotidiano da linguagem, no lugar comum. O que não podemos é permitir um desgaste na linguagem utilizada por cada um de nós. É clara a possibilidade de que, num grupo como este, possamos elaborar uma linguagem comum, compreensível por todos nós, mas o essencial é manter em boas condições de trabalho a sua linguagem privada.

> P: *Um ensaio sobre verdade e falsidade começa com uma metáfora retirada do conto de Hans Christian Andersen: "O Rouxinol". É mais ou menos assim: em uma floresta que se iniciava nos limites dos jardins do imperador da China e se estendia até o oceano, marinheiros ouviram falar de um rouxinol, cantando numa árvore nesta floresta. O imperador desejava possuir o rouxinol, a qualquer custo. Seus cortesãos mostraram-se ineptos em conseguir o pássaro; o imperador ameaçava eliminá-los.*

Uma simples ajudante de cozinha foi capaz de ajudá-los, e no final o imperador tinha um rouxinol que o deixava feliz e o rouxinol sentiu-se recompensado pelo deleite do imperador. Sete filhos de sete samurais receberam o nome do rouxinol. No entanto, o imperador do Japão, invejoso, enviou um presente ao imperador da China: um rouxinol mecânico, cujo canto parecia mais belo do que aquele do rouxinol real. Um maestro escreveu sete volumes teóricos a respeito do canto do rouxinol mecânico. O rouxinol real, magoado, voou para longe. O rouxinol mecânico infelizmente se quebrou; o imperador, por sua vez, agonizou pela dor da perda do canto e estava para falecer. Na mesma noite em que os cortesãos deram-no como morto, o rouxinol verdadeiro, recordando-se de como o imperador ficara sensibilizado no passado, retornou. Neste momento, os cortesãos adentram aos aposentos do imperador. Surpresos, não encontram um cadáver, mas o Imperador dando-lhes bom dia, ereto e feliz. Não vou relatar o que diz a história, em vez disso, ofereço minha própria conclusão. Após nossos seminários, penso ter compreendido que a verdade pode ser ejetada do rouxinol, indo parar no sofrimento do imperador, ou talvez no sofrimento dos dois imperadores. Gostaria de perguntar para Dr. Bion: é possível detectar um vértice diferente nessa história – algo a respeito da verdade que pode resgatar a situação? Estive pensando sobre a vida.

Bion: Uma das peculiaridades de certas formas de comunicação é que elas são hieroglíficas, desenhadas, como a chinesa, por

WILFRED R. BION 121

exemplo. Duas objeções generalizadas a tal método de comunicação: seria tosca e ambígua. De acordo com Fenollosa[1] e de fato, o número de caracteres utilizados na escrita hieroglífica chinesa pode ser enormemente reduzido. Diz-se haver necessidade de apenas quatro mil caracteres, e os remanescentes, que certamente chegam a pelo menos dez mil, são redundantes. Tomemos esta fábula em particular: deve ter levado muito tempo para transformá-la nas línguas europeias atuais. O hieróglifo tem de ser modificado para uma versão verbal da imagem ilustrada. Para os nossos propósitos em psicanálise, ou seja, no nosso vocabulário, penso ser necessário reduzir os caracteres a um mínimo. O mesmo ocorre em relação às imagens gráficas que precisamos usar. Qual será o estoque de imagens verbais, de palavras articuladas pertencentes à linguagem articulada que vamos recorrer? Como esse vocabulário deve ser integrado para que se possa expressar alguma coisa que queremos que outra pessoa compreenda? Nesse grupo seria uma grande vantagem se tivéssemos uma linguagem em comum. Vocês podem ver o estorvo provocado pela entrada de alguém como eu no grupo, que não consegue falar um idioma que todos compreendem: é um estorvo para vocês e para mim.

> P: *Gostaria de dizer uma coisa, isto é, gostaria de tentar expressar uma ideia: entendi que temos de tentar ouvir e também ver com os nossos sentidos e ... paro por aqui. Apesar do meu sentimento de que minha parada de que sinto que isso provoque cansaço e perigo.*

> P: *Desde o início, pensei que não importaria muito minha decisão de expressar – ou não – meus pensamentos pois o principal estímulo, para mim, estava sendo recuperar a capacidade para ouvir internamente – possivelmente baixando a minha guarda. Ao decidir expressar*

122 SEMINÁRIO OITO

> *meu pensamento fiquei apreensivo com a possibilidade da dependência e da solidão que surgiria caso alguém me ouvisse e em seguida fosse embora. Mas a ansiedade pela solidão e dependência poderia se tornar intolerável caso minha ausculta interna também fosse embora.*

Bion: O senhor sente que o problema ocorra aqui? Haveria alguma razão para supor que sua ausculta interna fosse embora?

> *P: A ausculta interna poderia ir embora junto com a externa.*

Bion: Qual é, então, a dificuldade, já que o senhor sabe disto?

> *P: Pode-se tornar mais difícil expressar ansiedade, expressar meus próprios pensamentos. Pode incrementar uma tendência: ouvi-los apenas dentro de mim mesmo.*

Bion: A sensação de dependência *e* de solidão é fundamental. Parece antecipar toda e qualquer capacidade de empregar um discurso articulado, ou qualquer outra forma de conversa entre duas pessoas. A primeira pessoa com quem temos de ser capazes de nos comunicar, a pessoa mais importante neste contexto é a própria pessoa.

Costumava tentar lidar com esse tipo de situação escrevendo ou gravando anotações. Atualmente, parei com esta tentativa, isto não me perturba mais. Não sei o que irei dizer em resposta à situação emocional na qual me encontro agora, aqui. A experiência me ensina que certamente ficarei insatisfeito com o que possa dizer, mas também me ensina a necessidade de aceitar o fato de que sou o que sou; gostando ou não, preciso tolerar a minha maneira pessoal de falar e pensar. Dependo da possibilidade de que se traduza aquilo que digo em linguagem mais compreensível. Isto acontece de qualquer jeito: quando desejo comunicar o que penso a alguém que não seja eu, preciso utilizar uma linguagem que, até onde sei, será compreendida pela pessoa a quem me dirijo. Preciso aceitar o fato de que posso não lembrar do que havia dito na sessão anterior, ou na semana passada ou no ano passado. Fiquei persuadido, no todo, de alguma coerência naquilo que falo. No entanto, não sei que coerência é essa, mas tenho que me reconciliar a isto.

> P: Qual é o lugar – o topos – em que o indivíduo e ele mesmo se encontram? O indivíduo e o outro, o indivíduo e o grupo? Será o lugar no qual o pensamento e a ação, o espírito e a matéria se encontram?

Bion: Particularmente, não me parecem muito esclarecedoras as diversas descrições da mente ou da personalidade – ego, id, superego e assim por diante. Conheço um Jesuíta que fala do "arbitrium", um nome para uma função que age como juízo final. Não me convence rotular com qualquer nome particularizado ao fato que pareço discriminar e escolher falar algo e não um outro algo. Penso que temos total justificativa para lidar com a nossa comunicação verbal como uma ação; semelhante a ações atléticas. Não vejo qualquer evidência que justifique tais rótulos, especificá-las por um nome particular. Igualmente, discordaria de alguém que desdenhosamente repudiasse psicanálise e filosofia como apenas "falatório".

Tácito[2] descreve como as tribos germânicas usavam o método de expressão dos bardos. De acordo com a reação do grupo àquela comunicação estética, o líder decidia quais impulsos seriam transformados em atividades físicas – como no ato de guerrear. Existem

124 SEMINÁRIO OITO

lendas sobre canções de sereias. Talvez cada um de nós seja capaz de trazer uma contribuição aos problemas, "o que é" e "quem é" que decide – na república de nossas personalidades – qual pensamento ou ação deva ser transformado numa ação posterior.

> *Walter Landor nos forneceu a seguinte expressão deste fato:*
> *There are no fields of amaranth on this side of the grave.*
> *There are no voices... that are not soon mute, however tuneful.*
> *There is no name with whatever emphasis of passionate love repeated*
> *Of which the echo is not faint at last.*
> *(Walter Savage Landor, Imaginary Conversations)*[3]

Cada um de nós, ao viver, parece estar capacitado para lembrar de várias experiências no decurso de sua própria vida. Algo parece capacitar-nos a determinar a recordação daquilo que existe em todo aquele estoque que valha a pena recordar. Ainda existe o problema de decidir o que fazer com a recordação. Podemos ser capazes de chegar a algum tipo de conclusão temporária de como vamos decidir. É algo complexo: muitos pensamentos, ideias e sentimentos são mobilizados; quase que instantaneamente os colocamos em ordem de prioridade. Muito disto constitui excessiva intelectualização; não estou particularmente satisfeito de que seja uma representação razoável dos fatos.

> *P: Em todos estes seminários tocamos no assunto da morte. Acredito que se o que dissemos é coerente e eficaz, temos de ser capazes de encontrar o Buda – e também de sermos capazes de matá-lo. Gostaria de perguntar se Dr.*

Bion pensa que a discussão que estamos tendo neste momento possui alguma conexão com as reflexões de Freud no curto ensaio ("On Transience", S.E. 14).[4] acompanhado por um poeta. Os dois veem um campo de flores. Refletem que vale a pena viver e trabalhar, apesar do fato de que irão morrer.

P: Gostaria de perguntar uma coisa, também. Quando o senhor falou sobre o ouvinte e sobre estabelecermos uma linguagem própria, trata-se de propiciar uma situação na qual, ao dizermos algo no decurso de uma análise, dizemos em primeiro lugar a nós mesmos? Isso pode estimular o crescimento?

Bion: Não conheço os *Upanixades*[5] o suficiente para estar familiarizado com as formulações iniciais sobre a mente humana e sobre o espírito humano. Com certeza existem algumas obras que parecem estabelecer um contato com modos ocidentais de pensamento. O Bhagavad Gita é uma delas. Há uma versão distorcida de *Fitzgerald* de Omar Khayyam e há uma versão francesa da *Ilíada* – cuja fama é de ser a melhor. Há uma semelhança curiosa entre várias raças e épocas – como por exemplo o profeta a quem se supõe ser capaz de expressar opiniões de Deus. Moisés, Jesus e Maomé, todos são conhecidos como expressando desejos e as visões de Deus. Os Muçulmanos parecem considerar que os Hebreus se perderam e de modo marcante na ocasião em que Moisés, ao descer do Monte Sinai, os encontrou adorando um bezerro de ouro. Segundo Maomé, os cristãos também se perderam, ao desertar para uma religião politeísta, não permanecendo fiéis ao monoteísmo – por manterem, por assim dizer, deuses secundários, os santos. Apesar da roupagem de santidade, tratar-se-ia de um retorno ao politeísmo: perderam o monoteísmo – a parte vital e

126 SEMINÁRIO OITO

essencial da perspectiva religiosa. Em consequência, muçulmanos consideram as religiões hebraica e cristã como tendo se separado da verdadeira religião. E quanto à santidade psicanalítica? Vocês detectam algum sinal, na esfera mental, de estratificação, de falta de mudança? Kleinianismo? Freudianismo? Em que direção vocês diriam que esses estratos são perceptíveis? É possível detectar em nosso debate algum sinal daquilo que denomino, "estratificação"? Geologicamente, é claro, podemos identificar esses estratos – às vezes ficam em pé, verticais como pilares; às vezes estão deitados horizontalmente. Podemos imaginar um período de agitação: os estratos se dobram em todas as direções. As várias religiões e os santos patronos são fragmentados e somente conseguem ser descritos como estando em um estado de turbulência, de movimento constante. Esse estado então dá lugar a um período de relativa calma e de aparente segurança. Mas os estratos ainda permanecem; podem então ser detectados: constituem-se nestes numerosos deuses juntamente com seus seguidores.

Frequentemente algum indivíduo sofre pressão para que ele ou ela suponha ser uma dessas pessoas importantes, o que é bastante ilusório já que há modismos nestas atitudes religiosas. O deus que hoje é erigido e exaltado desaparece rapidamente. Lembremos o poema:

> *"My name is Ozymandias, king of kings;*
> *Look on my works, ye Mighty, and despair!"*
> *Nothing beside remains. Round the decay*
> *Of that colossal wreck, boundless and bare*
> *The lone and level sands stretch far away.*
> *(Shelley, Ozymandias)*[6]

Penso que não é preciso que fiquemos deprimidos ao notarmos o aparecimento dessas estratificações. Modificando a metáfora, da geologia para a religião: dessas diversidades de politeísmo. Podemos considerá-las como temporárias, fases transitórias na nossa jornada.

> P: O que Dr. Bion pensa sobre a organização diária de nossa própria mente? Esta organização diária poderia facilitar o diálogo com nosso interlocutor interno?

Bion: Penso ser um perigo, a pressuposição de que, em uma comunidade, estaríamos – de algum modo – isentados do movimento geral desta comunidade. Freud descreveu uma situação na qual a simples troca do observador é passível de ser confundida com uma nova descoberta na psicanálise, ou uma nova forma de psicanálise. Anteriormente, afirmei que a geometria moderna está implícita à geometria euclidiana; em algum momento, tornou-se explícita – parece ser quase acidental, como se, por exemplo, as coordenadas cartesianas fossem um subproduto marginal da linha de pensamento principal de Descartes e, mesmo assim, muito importante.

> P: Gostaria de dizer que, nesta noite, fiquei constantemente pensando numa poesia – que descreve o ato de encontrar nomes para as coisas. O poeta parece muito contente, muito feliz por ter esta capacidade. Ao final da poesia, imagina poder ver um anel maravilhoso, no fundo de um lago de águas particularmente claras. Também se dá conta de que é totalmente incapaz de pensar num nome para esse objeto, mas isso parece apenas aumentar sua alegria. Dessa forma, gostaria de perguntar se Dr. Bion pensa que essa dificuldade em nomear, tal como a

128 SEMINÁRIO OITO

> *dificuldade específica que temos às vezes de tornar o implícito em explícito, possa talvez ser acrescentada à série de cesuras sobre as quais temos conversado...*

Bion: Pode ser que uma cesura impressionou o poeta; que, por sua vez, pode ser capaz de comunicar essa experiência de forma verbal ao senhor e aos outros, através de uma capacidade poética.

Penso que todos nós somos susceptíveis, de acordo com nossas naturezas individuais, de ficarmos impressionados por cesuras particulares, que podem não ter grande significado para outras pessoas. Uma dessas coisas impressionantes é o que talvez se possa chamar de "cura". Existe uma tendência do grupo de ficar buscando a sombra de uma cesura. Perseguimos uma relíquia em particular, ou uma ideia, como se realmente existisse. Na psicanálise há uma ideia implícita de que, se passarmos por essa disciplina, alcançaremos uma cura. Vejo uma certa dificuldade: há uma capacidade em especial com a qual tenho cruzado repetidamente e por tantas vezes, a ponto de considerar qualquer pessoa como um ser extremamente deficiente, caso não conseguisse fazer seu analista de bobo. Deve haver alguma coisa muito errada em um paciente que não conseguisse me fazer de bobo. É difícil tolerar a consideração pelo sentimento que você teria a respeito de uma pessoa que consegue te fazer de bobo. Não obstante, aquele que aspira ajudar os seus semelhantes sofredores, tem de ser suficientemente robusto para sobreviver ao fato de ser feito de bobo.

Fui removido para um hospital na Inglaterra, conhecendo então complexos testes de laboratório e serviços auxiliares de enfermagem, em enfermarias dedicadas ao tratamento de diabéticos, com recursos da previdência social. Fazia parte do tratamento a autorização para receber visitas de amigos e parentes. Assim, por

WILFRED R. BION   129

um lado, lhes era oferecida a dieta de acordo com descobertas da ciência médica; por outro lado, aqueles amigos e parentes cuidavam para que os pacientes fossem bem supridos com o tipo de alimento que eles realmente gostavam, penalizados, frente àquelas pobres pessoas, cuja liberdade ficava restrita por crueldade exercida por médicos e enfermeiros trabalhando naquele hospital. Não permaneci lá por tempo suficiente para ver qual foi o resultado daquela história. Mas ao propormos a alimentação mental correta – sob nossa visão – também temos de estar cientes do fato de que há muitas outras pessoas que irão fornecer o que *elas* consideram ser a alimentação mental correta. Em breve, provavelmente, vocês irão entrar em contato com um artigo especializado que enfatiza a necessidade de encorajar e confortar pacientes terminais, contando-lhes alguma coisa que sirva como antídoto à sua convicção de que estão moribundos. Haveria alguma chance de sucesso em advogar a favor de verdade, frente a forças daquele tipo de natureza?

Notas

1   Ernest Francisco Fenollosa (1853-1908), professor de filosofia e economia política na Universidade Imperial de Tóquio, famoso por estudos da civilização oriental.

2   Públio Cornélio Tácito (56-117).

3   Inexistem campos de amaranto deste lado do túmulo.

Inexistem vozes, por mais melodiosas... que logo, logo, não se emudeçam

Inexistem nomes, por mais apaixonados, por mais repetidos...

Cujo eco não fraqueje

E cesse.

Walter Savage Landor (1821), *Dialogos Imaginários*.

4   "Sobre a Transitoriedade" (1916 (1915)).

5   *Upanixades*: conjunto de textos religiosos fundamentais do Hinduísmo, Budismo e Jainismo.

6   "Ó poderosos! Sou Ozymandias, rei dos reis;

Contemplem minhas obras

E desesperai-vos!"

Nada resta: apenas solitárias, infinitas, colossais ruínas

Espalhando-se mais além do que sua vista alcança.

Percy Bysshe Shelley, (1818) *Ozymandias*.

SEMINÁRIO NOVE

Roma, 17 de julho de 1977

Nossa preocupação comum, aqui, é com saúde mental – dentro de uma posição responsável. Não considero, como parte de nossa discussão, nossos sentimentos indivíduais. Como pessoas em uma posição de responsabilidade com relação a pacientes, o que sentimos mental ou fisicamente não é assunto que tenha qualquer importância. Importa para cada um de nós, individualmente, mas nada importa para outras pessoas. Não importa o quão cansados, doentes física ou mentalmente estejamos. São simplesmente fatos, como outros fatos quaisquer, a respeito dos quais nada podemos fazer e nenhum outro poderá fazer coisa alguma. A saúde mental ou física de cada um de nós é um fato, tal como condições meteorológicas ou localização geográfica nas quais trabalhamos. Sejam quais forem os fatos circundantes temos de desempenhar a nossa habilidade como pessoas responsáveis; é necessário poder pensar claramente, não importando o que esteja acontecendo ao nosso redor.

Um problema complexo nos aguarda: é necessária alguma sensibilidade frente ao sofrimento das pessoas que nos procuram para ajudá-las sem, no entanto, que fiquemos afetados por tal sofrimento que não pode interferir na clareza do nosso pensamento sobre o trabalho específico que vamos levar a cabo. Há situações que demandam nossa clara consciência do perigo que nos aguarda, e em que ocasionalmente nos encontramos: em particular quando somos ameaçados de violência física. Mesmo assim é importante que continuemos a pensar claramente, mesmo quando também está claro que nossas vidas estão em perigo. Na maior parte do tempo, entretanto, esse tipo de perigo não é nada óbvio e as circunstâncias nas quais nos encontramos podem parecer confortáveis e consequentemente, podem manter aparência tranquilizadora.

Durante a guerra, a maior parte das pessoas ligadas às forças armadas está ciente de que na realidade o fato de existirem serviços médicos é irrelevante. Poderia ser muito sedutor, poderia exercer uma tal pressão que as tropas prefeririam ficar sob cuidado médico em vez de ter de enfrentar o inimigo. Apresento esse quadro para abordar algo relativamente simples. Fica difícil perceber que psicanalistas – e todas as pessoas dedicadas a ajudar alguém padecendo de sofrimento mental – possam estar em situação de perigos. Há um ponto que pode ficar claro, considerando apenas a esfera mental: ao estarmos em uma sala com um paciente particularmente violento – apenas nós dois – restará pouco por fazer quanto a este fato já que a maioria de nós não possui condições físicas – força muscular – para lidar com tal paciente. *No entanto é* possível estarmos preparados para usar alguma capacidade física – aquela de que dispomos. Por exemplo, se a sala está num andar alto, fica óbvio a possibilidade do paciente se jogar – ou jogar o analista, é claro – para fora da janela. Enquanto estiverem com aquele paciente, coloquem-se entre ele e a janela. Na verdade, seria preferível não ter um consultório onde fique facilitado a um paciente cometer suicídio ou homicídio ou matar o analista, fazendo uso da diferença em altura entre a sala e o solo.

Quando dirigí a London Clinic of Psycho-Analysis, achei um tanto alarmante e, ao mesmo tempo, estimulante que não havia elevadores e *todos* os nossos pacientes tinham de subir até o topo do prédio para serem atendidos. Não me recordo quantos degraus precisavam subir e, portanto, de quantas escadas poderiam se atirar. Tomávamos várias medidas paliativas para evitar desastres como antídoto à situação na qual nos encontrávamos. Não sei se alguém ficou aliviado com as medidas; recordo-me da afirmação feita pelo famoso comandante militar britânico, General Wellington, ao vistoriar suas tropas: "Não sei qual efeito minhas tropas terão sobre o inimigo; certamente me aterrorizam."

O melhor e mais qualificado colaborador que temos em análise é o paciente. O resultado do encontro depende da colaboração mútua, entre analista e paciente. Pode ser assustador se nos permitirmos estar cientes do seguinte fato: estamos – nós e o paciente – totalmente a sós; e dependentes do paciente. O paciente pode ter uma excelente capacidade atlética; um estado maníaco pode propiciar maior amplitude para tal capacidade. Um paciente que eventualmente esteja tentando evitar que seu analista comporte-se de modo prestativo; ou criativo; ou construtivo, expõe êste analista a problemas consideráveis. Como continuar a pensar claramente quando alguém está tentando nos eliminar?

Estou citando uma situação simples, em comparação com outras; nela, temos indícios fornecidos por nosso aparato sensorial; nela, conhecemos a origem do perigo. Será mais difícil quando estivermos lidando com aquilo que acreditamos ser uma mente, espírito, alma ou seja qual for o termo da moda para isso. Tenho certeza de que todos nós aqui reunidos obtivemos enorme quantidade de informação; provavelmente conhecemos as palavras "espírito", "alma", "ego", "Buddha", "Brahma" e assim por diante. Paradoxalmente, podemos não estar tão familiarizados com o nome que pareceria ser o mais apropriado para a "coisa" com a qual lidamos ao estar totalmente a sós com alguém que nos procura para ajuda. Caso o paciente tente atirar seu psicanaista pela janela, será difícil apreciar o fato de que ele te procurou por ajuda. A fôrça que eventualmente manifesta-se como luta física entre um paciente e um analista é a mesma força com a qual o paciente tem de conviver. Este paciente pode temer que o analista envolvido no desforço seja capaz de resistir frente a esta força enorme; este paciente pode ficar apavorado frente a possibilidade de que ele mesmo não seja capaz de resistir ou lidar com essa força aterrorizante.

Na prática da psicanálise – em oposição à teoria – o problema do analista é ter a capacidade de ver este tipo de fato, tão logo esteja disponível? Alguns destes fatos são mais facilmente visíveis do que outros: um médico pode treinar sua capacidade de observação a ponto de conseguir ver que o semblante do paciente não demonstra uma coloração das faces usualmente considerada como bela, adequada a alguém que se dedica à prática de exercícios; ou uma saúde perfeita. Pode ser capaz de distinguir entre uma vermelhidão que aparece em alguém que goze de saúde natural, e algo, caso compreenda a linguagem falada pelo corpo, que sinaliza a presença de estado infeccioso. O paciente poderá ser hostil a quem tenta auxiliá-lo quanto a questões mentais, seja o cuidador, um analista ou qualquer outro oficiante. Qual será a origem dessa hostilidade? Provém de dentro do indivíduo? Ou será infecção proveniente da cultura da qual o indivíduo é parte integrante?

Sou suficientemente idoso para ter vivenciado uma época em que a psicanálise era extremamente popular na *intelligentsia*. Tenho certeza de que todos nós lembramos de algum tempo em que determinadas atitudes ou crenças estavam na moda: por exemplo, quando era moda ler *The Forsyte Saga* (John Galsworthy). Logo esquecida e depois revivida graças à supremacia da televisão e de evidências fornecidas pelo aparato visual. A história pareceu estar rejuvenescida. No entanto, embora constitua um ponto de difícil descrição, o que importa é a *real* Saga Forsyte: a história fundamental; os fatos; a realidade. Só consigo chamar isto de "a verdade". Que nunca será afetada por modismos, nem pelo que possamos pensar a respeito dela.

Mudando para algo mais científico – a matemática. Na geometria visual de Euclides, temos linhas, pontos e círculos.[1] Ao longo de mais de um século, gradualmente mostrou-se inadequada para o uso por seres humanos. Penso haver uma geometria *real* tentanto expressar-se. Colocando em outra forma: geometria real ficava implícita na geometria Euclidiana. Aquela verdade *implícita* – espécie de bela adormecida aguardando resgate, esperava por alguém ou por algo que rompesse barreiras de espinhos, ervas daninhas, acordando a geometria real. Em outras palavras, a geometria euclidiana e suas várias aderências haviam erguido barreiras contra a emergência da verdade; finalmente, a dominância do aparato visual, expresso por figuras de linhas e círculos foi derrubada pela descoberta do Sistema de coordenadas, e da aplicação do pensamento algébrico à geometria. A verdade não foi alterada. A verdade, implícita na geometria euclidiana, tornou-se explícita.

Temos então um exemplo a mais para a questão que já levantei: uma atividade como a psicanálise entra em moda. Mas modismos modificam-se. Se existe alguma verdade em psicanálise ou alguma verdade em psiquiatria, será útil se qualquer um de nós pudesse fazer alguma coisa que tornasse essa verdade explícita. Isso implica no corte de enorme quantidade de espinheiros, ervas daninhas e racionalizações. Não podemos permitir per-

136 SEMINÁRIO NOVE

der de vista nosso objetivo principal: a verdade. Deve-se nutrir nossa própria capacidade mental; no entanto, não há ninguém que possa escolher por nós. Temos de ser capazes de respeitar aquilo que é verdade; verdade expressa por nossos pacientes; por nossos colegas; por nossos músicos, pintores ou autoridades religiosas. Qualquer um que nutra respeito por verdade merece nosso apoio – e nós temos de merecê-lo. Se nos dispomos ajudar pacientes maníacos, depressivos, esquizofrênicos ou neuróticos, teremos de ser dignos de respeito. Pode-se lidar com isto, ainda que parcialmente, quando procuramos analistas e outros que possam ajudar-nos a conhecer quem realmente somos. No entanto, na posição em que nos encontramos, uma posição que, poderia se dizer, herdamos, *somos* a autoridade, *somos* os pais e não há ninguém a quem possamos recorrer com exceção de nós mesmos. Modificando este mesmo enunciado: enquanto tentamos ajudar um paciente ganhamos uma espécie de benefício extra (*"fringe benefit"*): aprender algo a nosso próprio respeito.

Retorno uma vez mais ao modelo simplificado de guerra física: se por algum acaso sobrevivemos, podemos apreender algo a nosso respeito. Um livro escrito durante a Primeira Guerra Mundial descreveu uma situação de guerra permanente e incessante – a guerra da mente. O autor citou a frase enunciada muito tempo antes da descoberta da psicanálise, muito tempo antes até de alguém haver sequer pensado em psicanálise: "Desta guerra, ninguém dá baixa" (*"From that warfare there is no release"*). Neste momento, poderemos interromper nosso debate, poderemos descansar, mas isto não implica em que esta guerra descanse – ou pare. Doença: doença mental, doença física – nunca gozam de feriados. Por isso, temos de ser robustos, saudáveis. Quaisquer que sejam nossas dificuldades temos de nos lembrar em não nos concentrarmos com nossos problemas, mas no trabalho às nossas mãos, trabalho irrefreável, independente de nossa presença. Uma carta de Henrique IV a um de seus mais famoso generais, Crillon: "Enforque-se, bravo Crillon! Quando lutamos em Arques, você não estava conosco".[2]

> P: *Sempre acreditei que o que pensamos sobre as outras pessoas tem algum efeito sobre elas, mesmo quando não revelamos nossos sentimentos.*

Bion: Tornar-se ciente disto que o sr. fala pode ser considerada como evidência parcial da existência da mente humana. Geralmente é fácil dar-se conta de que podemos ser afetados por contato físico com outra pessoa ou com alguma coisa externa. Uma criança pode bater numa mesa ou cadeira – e cair, ou se machucar. Logo em seguida, vai bater na mesa ou na cadeira ou no chão porque foram maldosos com ela, machucaram-na. A questão não é tão fácil de ser vista. Ou nada fácil, se podemos dizer assim, quando estamos lidando com estados de mente, isto é, quando nos tornamos cientes que entramos "em contato" com outra pessoa. Essa "característica" não parece ser acessível ao que até agora temos considerado como nossos sentidos físicos – visão, olfato, audição etc. Não obstante, até uma criança parece ser capaz de dizer quando fica em completa solidão, bem como quando o objeto da qual ela depende está presente. São fundamentais, tanto a descoberta como a percepção da dependência e a descoberta e percepção de se estar solitário. Tais sentimentos, pensamentos e ideias fundamentais podem ser mobilizados muitos anos depois. É claro que somos dependentes da existência de alguma coisa que não somos nós mesmos e, ao mesmo tempo, é claro que estamos a sós com a coisa da qual dependemos. Como analistas, dependemos e estamos a sós com aquilo que chamamos de "uma mente". Por este motivo é importante que não fiquemos sobrecarregados pela última moda – seja de crença ou descrença – mas que nos mantenhamos capazes de exercer um julgamento com relação a fatos não perceptíveis.

138 SEMINÁRIO NOVE

Numa época de tumulto, quando líderes de um país estavam levando adiante uma revolução contrária à ordem existente, Milton recorreu à poesia: "So much the rather thou, Celestial light,/ shine inward, and the mind through all her powers/Irradiate. ..."[3]

Analistas precisam estabelecer contato com aquele que os procuram, pedindo ajuda. Nossa falibilidade e vulnerabilidade compara-se àquelas de qualquer oficial, oficial recrutado ou soldado. No entanto, em função de nossa responsabilidade, não temos privilégios, nem mesmo de ficarmos doentes, fugir ou ficarmos dominados por livre expressão de emoções. Somos tão covardes quanto qualquer outro que esteja em nossa tropa; somos tão falíveis quanto aquela pessoa que estejamos tentando ajudar. De alguma forma, herdamos uma posição de autoridade. É difícil dizer, como chegamos a esse ponto? Mesmo revendo nossa história de vida, fica difícil dizer como aconteceu de estarmos – tanto vocês, como eu – na posição de ser uma, dentre as autoridades, uma dentre os prestadores de ajuda. Victor Hugo descreveu a vivência de terror para quem está no exército, bem como dos adversários. Nutrimos a ilusão de que o inimigo é muito poderoso, corajoso, bem treinado e bem equipado. O inimigo provavelmente tem as mesmas emoções dirigidas a nosso exército. No entanto, como poetas foram capazes de ignorar tais uniformes – mentais e físicos – percebe-se que é possível para estes poetas ver a experiência vivida por ambos os exércitos: terror.

Essa situação complicada pode ser ilustrada por uma ocorrência, no Natal de 1914: tropas adversárias dos exércitos inglês e alemão confraternizaram, e depois jogaram futebol naquela terra–de–-ninguém que separava as trincheiras inimigas – no dia em que se supõe ser mais um aniversário do nascimento de Cristo. Imitando Wellington: não sei que efeito isto teve sobre o inimigo; posso dizer que aterrorizou o Alto Comando.

Ao nos distanciarmos do combate – no exercício de psicanálise, saúde mental, psiquiatria – mais nos tornamos cientes da ferocidade do Alto Comando, da ferocidade dos teóricos. Por eles, haveria apenas um terrível derramamento de sangue.

Parece-me ser sobre isto, a questão que o sr. fez. Lamento ter me alongado tanto na resposta pois a coisa-em-si ocorre de modo muito mais breve: experiências reais de tocar emocionalmente um paciente e de ser tocado emocionalmente por pacientes são quase instantâneas.

P: Gostaria de retomar o convite feito pelo Dr. Bion para falar sobre dificuldades em nosso trabalho. Permitam-me relatar algo sobre um paciente diagnosticado como possuindo doença fatal, leucemia aguda, após dois anos em análise. O paciente, apenas parcialmente ciente do diagnóstico, sonhou estar num divã ou mesa que era tanto um divã de análise como mesa de transfusão. Estava para cair; mas logo pareceu estar descansando sobre um eixo pivotante, capacitando-o a girar horizontalmente sobre este mesmo eixo. Nessa situação não é possível dizer que o sonho simboliza Tempo – o conceito de relógio – mas é preciso dizer que o paciente é, ele próprio, o tempo: o tempo do relógio. Se o paciente é o tempo, e não um símbolo do tempo, permitam-me perguntar para Dr. Bion o que o analista deve ser; ou pode ser.

Bion: Em primeiro lugar, podemos abordar esse problema partindo de um ponto de vista geral, expressando então um princípio geral. Agimos conforme uma disciplina por nós apreendida ou adquirida. No entanto, na condição de médicos praticantes ou analistas

140 SEMINÁRIO NOVE

focalizamos nossa visão, concentrando nossa atenção para uma área muito mais restrita. Em termos filosóficos: um princípio geral é transformado em instância particular.

Se voces me perguntassem, qual é meu trabalho, não saberia dizer, mas posso contar o que *eu* penso que seja. Fica por sua conta decidir; cada um de vocês será a única pessoa que pode tomar a decisão – sobre o que *você* pensa que seja seu próprio trabalho. Estreitando ainda mais nosso foco, vamos dar uma olhada para esta pessoa em particular, uma pessoa sobre a qual apenas ouvi dizer alguma coisa, dadas pelo último ouvinte que fez a pergunta. Nem o nascimento, nem a morte desse paciente, interessam-me agora. O que *me* interessa agora é aquele pequeno pedacinho existente entre nascimento e morte. Pode ser um espaço muito pequeno, pois mortalidade infantil é um fato real: morte ao nascimento – ou a morte à hora da morte. Penso não haver muita coisa nesse espacinho tão curto de tempo existente entre o momento do nascimento e o término daquela vida. Costumo dizer que uma vida pode virtualmente terminar logo em seu início; ou até mesmo antes da pessoa sequer se tornar "consciente", como nós, analistas, costumamos falar.

Esse paciente em particular parece estar morrendo. Isso também não me impressiona, pois, considerando o fato de que todos nós estamos vivendo, estamos todos morrendo. No entanto, interessa-me a vida e o tempo que nos resta, se este tempo restante vale a pena em ser vivido, ou não. Não temos o menor conhecimento sobre o modo pelo qual iremos morrer; mas estou certo de que alguém, mais cedo ou mais tarde, fornecerá diagnósticos sobre este fato. Nesse caso: leucemia. Pode ser outra coisa, pode ser a morte da mente da pessoa. Conheci pessoas cujos corpos sobrevivem. No entanto, morreram no que se refere às suas mentes, espíritos ou almas. Retornando a essa visão mais particularizada, essa visão muito pequena na qual não nos perturbamos excessivamente por princípios gerais, precisaremos focalizar a questão: existe ainda alguma faísca que possa ser espalhada para tornar-se chama, permitindo à pessoa viver seja qual for sua vida, qual for o capital que ainda possua no banco? Quanto capital *vital* essa pessoa possui? Poderia ser auxiliada na utilização de tal capital para bons efeitos?

Ainda que tenha se dito que este paciente tenha leucemia, doença fatal, e que não consigo prever o futuro, não sei do que este paciente irá morrer. O que *sei* é que não será por morte, já que morte não é doença. Morte é, apenas e tão somente, uma dentre as impressionantes cesuras.

Esse paciente vivendo numa certa cultura – concluo do que nosso colega nos disse, que não lhe contaram que tem leucemia linfática. Duvido que, mesmo se lhe dissessem, isso significaria alguma coisa para este paciente, no caso dele ser leigo, mas não tenho nenhum motivo para duvidar que este mesmo paciente seja capaz de interpretar certos fatos físicos. Qual será a sua interpretação a respeito do tipo de comportamento sob o qual está submetido por sua cultura? Quem este paciente pensa que o analista é? É alguém que o ajuda a viver? Ou a morrer? Vamos voltar a ampliar nossa visão: pode-se contar com a maioria de nós na indulgência em buscar satisfação através de inúmeras atividades dotadas de potencial muito maior para nos matar do que para viver. Inserimos coisas venenosas dentro de nossos sistemas digestivos. Não há nada de errado com álcool, mas podemos usá-lo com o intuito de envenenar o nosso organismo. Não há nada de errado no ato de inalar ar para dentro de nossos pulmões, mas podemos inspirar ar poluído, ou fumar e tragar a fumaça. Na Grã Bretanha existe um aviso impresso compulsoriamente em todos os maços de cigarros e em todos os anúncios de tabaco: "Fumar faz mal à saúde". Essa frase, esse aviso, tornou-se parte do ritual de fumar: faz parte do maravilhoso, sedutor quadro de prazeres e delícias do fumar. A questão tornou-se até respeitável e científica com dizeres, "baixo teor de alcatrão". Nunca fumei alcatrão em minha vida, não tenho o menor interesse em comprar alcatrão então posso ver como sou virtuoso, pois não fumo alcatrão. No entanto, posso continuar fumando tabaco, a não ser, é claro, que fabricantes julguem que seria mais lucrativo me vender baixos teores de alcatrão. Acho que talvez seja mais barato fabricar um cigarro bem grandão com chumaço bem grandão feito de algodão, ao invés da folha de tabaco – muito mais cara.

Focando novamente a visão, com o intuiro de me aproximar daquilo em que estamos interessados: uma mente. Enquanto o corpo desse paciente depende de várias espécies de alimento somático, o que poderíamos fornecer-lhe como alimento mental? Nosso colega, que analisa este paciente, certamente conhece o suficiente sobre este paciente, podendo dizer todo tipo de coisa sobre leucemia. Ampliando o quadro, eu poderia dizer: "Em minha opinião o analista poderia dizer-lhe a verdade." Restringindo novamente: qual verdade? O que o analista conhece a respeito desta verdade? E qual seria a compreensão deste paciente no caso do analista tentar estabelecer uma comunicação?

Lamento pela demora no discutir esses pontos tão simples. Não atingimos o ponto: o que o analista pode dizer que seja compreensível para esse paciente? É possível que o paciente possa sentir que esse cuidador específico está mais interessado em ajudar-lhe a experimentar uma vida que valha a pena ser vivida, do que nos vários rituais e procedimentos mais adequados à morte. Se esse for o caso, o paciente poderia sentir que este objeto particular com o qual entra em contato, mesmo não sendo contato físico, pode ser amigável e útil. Isso pode ser psicanálise,

WILFRED R. BION 143

ou não. Não me incomodo com isso, por não estar interessado, neste momento, com teoria mas sim com prática, com vida. Caso o paciente esteja no início da vida, no nascimento, ou se está no outro polo do espectro, morte, poderá sentir a presença de um objeto amigável ou provedor de saúde.

Penso ser muito difícil adotar a resolução de evitar a verdade e ficar contando algum tipo de mentira agradável. Árdua tarefa, que não me parece valer a pena; como resultante de tal resolução, polui-se nossa mente, caráter e personalidade. Nossa capacidade de dizer a verdade morre com mentiras que contamos a outras pessoas.

Tentemos enfrentar este problema reunindo toda sabedoria que podemos dispor. Caso vocês estivessem nessa posição, o que diriam ao paciente? Aparentemente, o paciente teve algo que ele mesmo chamou, "um sonho". Isso significa que o paciente estava num estado de mente diferente daquele que estava quando bem acordado, "consciente", levando a cabo uma conversa com seu analista, ou, no caso que estou supondo, com voce ou vocês. O sonho relatado é, na realidade, aquilo que o paciente, no estado de mente no qual fica consciente, pensa que aconteceu quando estava dormindo. O que poderia nos impressionar mais, nesta conversa? O fato dele estar acordado e consciente? Ou o fato dele estar também no estado de mente que é uma "ressaca" do estado de mente que o paciente teve ao estar dormindo?

Na citação que mencionei do *Paraíso Perdido de Milton* "... there plant eyes, all mist from thence/Purge and disperse ...".[4] Seria possível que um analista se esquecesse de tudo que ouviu ou aprendeu sobre leucemia? Tais "fatos" formam uma névoa, que por sua vez, obscurece a verdade, a qual poderia ajudar essa pessoa a viver horas, semanas, meses e talvez até anos remanescentes de uma maneira que valha a pena.

144 SEMINÁRIO NOVE

Talvez seja possível direcionar a atenção do paciente para o fato de que seu temor ocorre quando fica com a guarda rebaixada, como quando está dormindo, e que o analista poderá tentar submetê-lo ao mesmo tipo de tratamento sob o qual pode ter sido submetido por outros médicos. Assim, o que precisa ser apenas uma conversa psicanalítica pode parecer algo a sugar a substância vital do paciente. Seu sangue poderá ser algo excessivamente deficiente – pois contém muitas células brancas inoperantes para o beneficiar – mas esse é o único sangue que o paciente possui.

Traduzindo isso em termos mentais: o paciente está bem ciente das imperfeições de seu caráter. No entanto, não quer perder aquela alma que possui. Você poderia tentar dizer: "você tem medo que eu tente curá-lo e que minha cura irá lhe matar, extraindo tudo de bom que possui". Não quero atribuir qualquer importância a essa interpretação em especial, porque, de fato, tal interpretação não serve para nada – não sou *eu* quem trata deste paciente e portanto, nada sei a respeito dele.

Não conheço ultraje maior daquele que alguém possa fazer, a permissão pra outra pessoa adentrar à privacidade da mente deste mesmo alguém.O paciente poderá ficar apavorado frente a um analista, pavor extensivo a si mesmo por conversar com um analista. O último sujeitar-se-á a pressões, correndo o risco de ser atacado. "Por que importunar uma pessoa à morte com todas estes comentários que seriam adequado *apenas* no caso desta pessoa fosse viver?" Será difícil defender a posição do analista que equivaleria dizer, "Sim, mas esse paciente ainda tem uns poucos minutos, horas, dias, semanas para viver; por isso, será útil que saiba e conheça isto que estou lhe dizendo." Estejamos em boa saúde ou sofrendo de doença fatal, poderá valer a pena saber como utilizar nossas mentes.

P: E os sobreviventes? O que o sr. tem a dizer sobre quem sobrevive?

Bion: Os sobreviventes, é claro, são capazes de continuar pensando e sentindo. A realidade da morte é tão impressionante que quase sempre provoca tumulto: pensamentos e sentimentos esquecidos tornam-se conscientes. Temos assim uma experiência mais poderosa do que qualquer experiência psicanalítica, por ser vida real. Em grupos organizados socialmente, a morte de uma pessoa importante – ou morte de um símbolo de uma pessoa importante, alguém que represente ou lembre um pai ou uma mãe de uma nação – é trabalhada através de rituais complexos. Envolvem, por vezes, participação de forças armadas, perfilam em marcha lenta, seguindo o corpo até o local do enterro, envoltos no som de peças musicais – "Marcha Fúnebre" de *Saul* (Oratório de Handel), ou "The Flowers of The Forest Are All Gone Away"[5] (música tradicional, comemorando soldados tombados na batalha de Flodden, Escócia, 1513). Assim que o corpo é sepultado, as tropas, representando a nação, dispersam-se rapidamente. A marcha lenta é a depressão, o lamento, até o momento do sepultamento e a partir daí a marcha se acelera! Para mim, trata-se de profunda reação de grupo, um lembrete: quando os mortos estão mortos, ocorre o fim da história; é chegada a hora de lidar com a vida.

Podemos considerar também a recíproca de tudo isso: devemos interferir junto a alguém que *quer* morrer? Nossa intenção – aquela de ajudar – nos autorizaria a interferir junto a alguém que não quer ser ajudado? Surge uma dificuldade: temos de considerar quais evidências levariam-nos supor que o indivíduo não deseja interferências, ou dar qualquer atenção aos alertas, opiniões ou conselhos conducentes à longevidade. Obviamente, no caso da pessoa não querer viver, reveste-se de grande importância conhecer se isto poluiría a atmosfera dos sobreviventes.

146 SEMINÁRIO NOVE

Quem, ou quais são as forças suscetíveis de conduzir à morte *mental*? Seria útil conhecer qual seria a boa nutrição mental – implicando no conhecimento da má nutrição. A vantagem de uma situação grupal é a possibilidade de avaliar o grupo inteiro – talvez possa detectar-se fontes de infecção. O grupo, como um todo, pode relembrar cada um de nós: vários aspectos de nossas próprias personalidades em diferentes estágios de desenvolvimento. Em vez de examiná-los sob forma narrativa, de A a Z, podemos usar uma forma visual: espalhemos todas as letras do alfabeto em um plano, à guisa de forma ilustrada para livrarmo-nos do componente tempo; trocamos assim o componente temporal pela ênfase visual sobre o componente espacial. Vocês poderão ver, por si mesmos, aqui e ali, este mesmo tipo de comportamento, ou melhor, atividade, planejada para destruir qualquer capacidade do grupo para aprender, e também planejada para impedir o desenvolvimento das capacidades específicas de cada grupo considerado. Quando você sente necessidade de silêncio, possivelmente para obter pelo menos uma oportunidade para ouvir seus próprios pensamentos ou ideias, quando consegue um silêncio, este mesmo silêncio pode ser destruído, quando alguns aumentam barulhos, a ponto de você não poder ouvir sequer seu próprio pensar. Temos portanto um dos problemas confrontando pessoas que adquiriram conhecimentos e experiências, e que mantenham respeito e consideração por educação, quando elas tentam disponibilizar o que obtiveram para outras pessoas, que não conhecem ou não experimentaram algo semelhante. Pais encontram-se na mesma posição, frente a filhos – gostariam de fazer alguma coisa por eles. O mesmo se aplica à família humana; não estou me restringindo a relações de sangue.

P: Tenho refletido sobre algo que pode ser chamado estado de leve despersonalização crônica: um estado no qual a capacidade mental está diminuída, seja em vigília ou durante o sono, reduzindo possibilidades de experimentar fatos ou emoções ou até dados sensoriais. Tal situação, parece-me, tem componentes originados no grupo e no indivíduo. Dr. Bion pode nos dizer como podemos definir ou encontrar coordenadas para localizar a origem de tal estado mental, e por que – ao menos em minha própria experiência – sair dessa situação, mesmo que se reconheça que se trata de um movimento útil e promotor de crescimento, aparece como algo doloroso, perigoso e extenuante?

Bion: Usualmente, o uso de ilustrações exageradas torna mais fácil falar sobre algo: um paciente parece nunca fazer referências a si mesmo – estou pensando num paciente em especial – e ao mesmo tempo, despeja constantemente informações sobre características de enorme número de pessoas, todas membros da sociedade à qual pertence. Poderia constituir estágio mais tardio daquilo que Melanie Klein descreveu como uma fantasia onipotente infantil, a fantasia de se livrar do caráter, ou da personalidade. Este paciente adulto vê falhas em tudo: parece-me não ser diferente da teoria da evacuação de todas as características temidas e detestadas; logo a seguir, sente-se perseguido por estas mesmas características, de fora para dentro. Cada interpretação analítica, cada pessoa e coisa retorna, como se fosse uma perseguição, por lembrar ao paciente de si mesmo; e de seu temor desses seres que se reúnem dentro de sua própria personalidade.

Voltemos a esse caso *crônico*. Poderíamos voltar novamente à situação de grupo, dizendo que, como um todo, nós representamos um estado *crônico*? Não somos apenas indivíduos a quem atribuímos alguma importância por causa de nossa visão individual de nós mesmos *como* indivíduos, mas somos porções

148 SEMINÁRIO NOVE

individuais de um padrão total. Quero saber mais sobre o que significa essa palavra "crônico". É, na realidade, uma referência a "chronos", ao tempo? A que se refere esse "crônico" ou "chronos"? Qual é seu significado?

> P: *Espero conseguir ser mais preciso: "crônico" descreveria um estado no qual não há uma clara distinção entre duas situações. Em segundo lugar me parece que "crônico" possui a propriedade de não ser facilmente perceptível, no sentido de não se manifestar como um fato óbvio.*

Bion: Parece-me ser o tipo de coisa que psicanalistas tentam descrever quando falam sobre um "período de latência". Acho mais fácil acreditar que o que acabamos de descrever é um *estado* de latência mais do que um *período* de latência. Dessa forma o paciente pode, a qualquer momento, apresentar uma paisagem de certa forma inexpressiva. Existe alguma coisa que se salienta acima do nível da uniformidade? Ocorre-me, é claro, de que se apresenta uma qualidade de nulidade. Tentarei ilustrar lembrando do final do quinto livro da *Eneida* de Virgílio – descreve Palinurus, o timoneiro do navio principal, aquele que fornece a rota para toda a esquadra. Somnus apresenta-se a Palinurus colocando em ação a visão sedutora de que tudo está indo bem. O mar está calmo, não há nuvens, não há perigo em lugar algum. Palinurus diz não ser tão ingênuo a ponto de ser iludido pela face calma do mar Mediterrâneo. Amarra-se ao leme, à popa do navio; mas um deus o arremessa ao mar; é tamanha, a força, promovendo o afogamento de Palinuros, que leva consigo a popa. Vejam, então, a superfície calma e uniforme desse paciente: não se distinguem feições. O que aconteceu com a tempestade?

WILFRED R. BION 149

O que deve ser dito ao paciente? Deve haver alguma coisa que faça com que a sua musculatura reaja e que o traga para a visão do analista. Poderíamos apontar-lhe que parece não haver absolutamente nenhuma razão para que venha conversar com um analista. A única coisa errada com essa história é a presença do paciente. Assim, poderíamos tentar chamar a atenção para o fato de existir um mistério confrontando o par formado por vocês; e de que esse é o mistério de um fato.

Caso voces direcionem a atenção do paciente para esse fato talvez este paciente possa contribuir com algo mais: pode não conhecer muito a respeito de si mesmo, mas aquilo que conhece é muito mais do que qualquer outra pessoa jamais poderia conhecer. O paciente conhece – e ninguém mais conheceria – o que é ser ele mesmo e ter aqueles pensamentos e sentimentos. Dessa forma, se conseguimos dirigir a atenção para esse mistério de que ele está na sala, então o paciente será capaz, a partir de sua vasta reserva de conhecimento – que *é* vasta mesmo se o paciente for uma criança – de esclarecer algo mais. Isso abre a possibilidade do analista fornecer uma outra interpretação.

Voltemos àquilo que ouvimos sobre o paciente anterior: no caso dele manter a capacidade de interpretar todos aqueles fatos pertinentes a uma enfermaria de hospital, um leito, agulhas hipodérmicas e assim por diante, o que esta pessoa pensa sobre o significado disto tudo? Qual seria *sua* interpretação de todo esse aparato? Porque dizer tudo isto para um analista?

Poderíamos dizer que a questão é a mesma em ambos os casos: porque dizer todas estas coisas para um analista? Alguém poderia pensar que seria óbvio que o paciente teria certeza de que o analista não sabe nada sobre a pessoa do paciente e então não dirá nada assustador ou perturbador? Muito improvável: a maioria de

150 SEMINÁRIO NOVE

nós já ouviu algum tipo de história propositalmente destinada a nos aterrorizar. A maioria de nós já chegou até o ponto de brincar de soldados na guerra. Mas qual será o jogo que estes pacientes querem jogar com um analista? Por que essas duas pessoas contam estas coisas para um analista? Isso faz parte de quê? A respeito do que trava-se tal intercâmbio conversacional? Tomo emprestado um termo mais utilizado em experiências sexuais pois penso haver algo na capacidade de manter uma conversação semelhante à capacidade em manter-se um relacionamento físico. Uma conversa psicanalítica é uma espécie de jogo de criança, tal como um jogo de criança é uma espécie de realidade implícita, ao se referir a alguma coisa no presente. Nosso encontro de grupo, aqui e agora, refere-se a algo desconhecido por todos nós – o futuro. Há algum vestígio, qualquer fragmento discernível de algum intercâmbio conversacional ocorrido previamente a este nosso, um naufrágio que lhes recorde amor ou ódio?

Podemos assumir, agora, existir alguma razão para desejarmos este nosso encontro. Não implica em dizer que sentimentos de antipatia ou ódio mútuos tenham desaparecido, assim como não desaparecem tempestades para sempre só porque a superfície do Mediterrâneo ficou calma. Mesmo quando examinamos um prevalescimento de relacionamentos amistosos motivando o nosso encontro, o que dizer a respeito dos vestígios daquilo que *resta* em nossas personalidades? Se quisermos interromper esse encontro ou destruir a mobília, o que terá acontecido com aqueles impulsos? Poderiam ser tímidos reminiscentes da própria civilização? Tênue camada de civilização recobre inteiramente nossa comunidade humana. Estados Unidos, Reino Unido, e hoje em dia, Nações Unidas. O quão unidos somos...

> Francesco Corrao: *O grupo provavelmente é um lugar – locus ou topos – privilegiado, onde reúnem-se espaço*

e tempo, feminino e masculino, amor e ódio, verdade e falsidade. No entanto, tal encontro é violento, difícil de tolerar, e difícil de transformar. Precisamos do apoio e orientação de uma forma de pensar e de um método que seja simultaneamente problemático e unificador. Sinto que Dr. Bion forneceu-nos – está nos fornecendo – essa maneira de pensar e que ele mesmo representa uma força no aqui e agora, ao encarnar a força do pensar – a função do pensar, seu emprego e comunicação. Esses centros de pesquisa em grupos – o primeiro, Pollaiolo e depois, outros – concentram-se numa área definida pelo relacionamento entre o grupo e a função analítica.

Afinal de contas, vale a pena lembrar que a visão Bioniana é gerada por uma experiência analítica extremamente intensa e ampliada. Meu sentimento, ou talvez eu deva dizer, nosso sentimento, é de profunda gratidão para com Dr. Bion, por permitir-nos compartilhar sua profundidade de pensamento.

Bion: Agradeço por expressar sua gratidão. Espero não parecer indelicado ao comparar sua descrição das minhas contribuições com um fato do qual estou ciente – e que não gosto muito deste fato. A imagem mais próxima que posso utilizar é a de uma árvore, com uma folha caindo – ninguém sabe qual será o lado da folha que vai aterrisar. Naquilo que sei de minha vida, olhando para trás, jamais seria capaz de adivinhar que estaria aqui, nesta data, hora e lugar.

Uma passagem do poema de Yeats, *Solomon and the Witch*, (Salomão e a Bruxa), falando sobre "Escolha e Acaso":

And when at last that murder's over
Maybe the bride-bed brings despair

152 SEMINÁRIO NOVE

For each an imagined image brings
And finds a real image there;
(W. B. Yeats, Solomon and the Witch)[6]
Journeys end in lovers meeting
Every wise man's son doth know
(Shakespeare, Twelfth Night)[7]

Não penso que toda jornada termina em encontros de amantes: elas *iniciam-se* neste ponto. Voces pensariam que há algum vestígio nesse leito de hospital e no divã de um analista, algum remanescente da possibilidade de relacionamento amoroso ou positivo entre essa pessoa que se intitula analista, e essa outra pessoa que se intitula outra coisa qualquer? O que poderá nascer desse grupo? Que pensamento, ideia ou ação? Que relacionamento poderá surgir entre esse grupo e algum outro grupo? Amor ou ódio? Luta ou fuga? Dependência ou liberdade?

Notas

1 Geometria Euclidiana e desenvolvimentos algébricos desta, assim como notações visuais ou não, como ilustrações do desenvolvimento do pensar: Bion refere-se à investigação iniciada em *Transformações* (1965). Similar a vários assuntos levantados por ele nestas conferências, discorre sobre este nos dois primeiros volumes de *Uma Memoria do Futuro*, escrita em 1974 e 1976, e publicada em 1975 e 1977.

2 Referência a Henri IV (1553-1610), Rei da França e Navarro, fundador da dinastia Bourbon; um de seus maiores colaboradores e amigo íntimo, em várias guerras de onde saíram-se vencedores – inclusive contra o que se denominava "sarracenos", hoje chamados "islâmicos", o General Louis de Balbes de Berton Crillon recebeu uma carta bem-humorada, sem dúvida carregada de ironia (pelo menos dentro dos costumes da época) de Henri IV: "Enforque-se, bravo Crillon: enquanto lutávamos em Arques, você não estava conosco; no entanto, continuo te amando." ("Pends-toi, brave Crillon, nous avons combattu à Arques, et tu n'y étais pas là. Mais je

t'aime toujours"). A citação de Bion no momento do seminário ou palestra, de memória, omite a última parte da missiva original, assim como a edição em inglês.

3 Ver Seminário Quatro, acima, para versões em português deste excerto da poesia de Milton: um dos textos poéticos mais citados por Bion, em várias obras.

4 Ver Seminário Quatro, acima, para versões em português deste excerto da poesia de Milton.

5 Foram-se, todas as Flores da Floresta.

6 Uma versão do sentido da poesia de Yeats, em *Salomão e a Bruxa*, sem tentativas de manter o estilo poético, pode ser: Quando finalmente cessa um morticínio, provavelmente leitos nupciais trarão desespero, pois cada imagem imaginada trará e encontrará uma imagem real.

7 Uma versão do sentido da poesia de Shakespeare, em *Noite de Reis*, isenta de tentativas de manter estilo poético, pode ser: Algumas jornadas terminam em encontro de amantes, e todo filho de um homem sábio, sabe disto.

Índice remissivo

Abraham, K., 49, 50
adolescência, cesura da, 118
Adriano, 86, 88
alfa, elementos, 27
alma, 23, 50, 55, 102, 133, 134, 140, 144
alucinação, 45, 76
amnésia, 61
amor passional, 22
análise, situação diádica da, 97
ancestrais, nossa dívida com, 14, 41, 42, 44, 49
Andersen, H. C., "O Rouxinol", 119
"arbitrium", 123
associação livre, 38
audição, sentido de, 104
   uso, pelo analista, 12, 33, 34, 35, 39, 50, 87
aventura perigosa, análise como, 43

Bhagavad Gita, 94, 125
beta, elementos, 27
borderline, pacientes psicóticos, 19-
-20, 68, 82, 90, 97
Brahms, J., 109
British Institute of Psycho-Analysis, 12
Brouwer, A., 28
Buddha, 134

cavernas de Lascaux, 78, 88
cesura(s), "impressionante", 12, 24, 72, 83, 95, 128, 141
Clough, A., 52
Coerência, 123
complexo conjugado, 52, 53
comunicabilidade, limites da, 65
comunicação
   articulada, 21, 37, 40, 67, 78, 90, 96, 12

156 ÍNDICE REMISSIVO

falta de capacidade do paciente para, 36-37, 65, 96, 143
não linguística, 19
não verbal, 19, 21, 36, 62
pela arte, 17, 79
primitiva, 17, 38
veja também linguagem; discurso
contratransferência, 47, 49, 50, 53, 96
coordenadas cartesianas, 55, 71, 127
Corrao, F., 150
"cura", 43, 69, 128
curiosidade, 53, 54, 57, 106

delírio, 45, 76
Democrito de Abdera, 24
dependência, sentimentos de, 43, 90, 122
Descartes, R., 71, 84, 127
despersonalização, 146
destruição, prazer na, 91
devaneios, 76
diagnóstico, 34, 63, 82, 139, 140
discurso articulado, 17, 36, 38, 122
distância, 55, 62, 64, 80, 84, 106
diz-que-diz-que, 25

ego, 102, 123, 134
Elephanta, cavernas, 78, 88
emoções, função simbólica das, 18
escrita, comunicação pela, 99, 120--121
escultura, comunicação pela, 17, 78, 99
espaço
  absoluto, 56, 106
  analítico, 15, 26
  astronômico, medo do, 56
  claustrofóbico, 31

geográfico, 83, 104-105
  mental, 71, 84, 95, 103
  fóbico, 31
  para o desenvolvimento, 28, 41, 85, 95
esquizofrenia, 72, 82
esquizoide, paciente, 36
estado esquizofrênico, identificação pelo cheiro, 36
evacuação, total, 25, 147
evolução, 80
  revolução, 138

fantasia onipotente, 61, 147
Fenollosa, E., 121, 129
Filosofia, 73, 109, 123, 129
fissuras branquiais, 13
Fitzgerald de Omar Khayyam, 125
Fokine, M., 22, 23, 29
Freud, S., 12, 13, 18, 19, 26, 27, 44, 49, 50, 59, 61, 95, 108, 109, 112, 117, 125, 127
  caso Schreber, 108
  contratransferência, 47, 49, 50, 53, 96
  emoções como sinais, 18
  inconsciente, 24, 27, 59, 60, 61
  Leonardo da Vinci, 111
  nascimento, cesura do, 44-45, 72, 95, 117
  padrão científico, 95
  paramnésias, 19, 20, 61
  princípio de realidade, 108
  sonhos, interpretação dos, 27
  transferência, 47, 48, 49, 50, 53, 96
  transitoriedade, 130
  verdade, problema da, 108
  vida intrauterina, 12, 44, 95

fuga ou resposta de fuga, 40, 66, 113, 115, 152

Galsworthy, J., The Forsythe Saga, 135
geometria
algébrica, 84, 86
de Euclides, 84, 86, 135
projetiva, 71
Giotto (di Bondone), 76, 94, 96
Gödel, K., 28
gripe espanhola, 115
guerra da mente, 136

Handel, G. F., Saul, 145
Hartmann, H., 18
Henrique IV, 136
Hepworth, B., 17
herança mendeliana, 50
Heyting, A., 28, 29
Homero, 78, 83
Horácio, 42, 78, 83, 84, 112
"Ode a Pyrrha", 112
Odes, 42
Hugo, V., 99, 138

Id, 102, 123
identificação projetiva, 61
Ilíada, 125
imagens, 31, 36, 54, 76, 121
imaginação especulativa, 34, 37, 50, 79, 81, 84, 90, 104, 115
impotência vs. onipotência, 54, 106, 108, 113
inconsciente, o, linguagem do, 59
insônia, 76, 77, 90
inteligência
de pacientes, 82
vs. sabedoria, 82, 84, 89

interpretação(ões)
compreensão pelo paciente de, 19, 39, 59, 61
diagnósticos como, 15, 63, 72
e "música da humanidade", 110
verdadeiras/corretas, 69
intuicionismo, 28, 29
isolamento, sentimentos de, 43, 90

Jones, E., 13
Joseph, B., 26

K/conhecimento, 53
Kenner, H., 56, 57
Keynes, J. M., 28, 29
Klein, M., 12, 26, 49, 50, 61, 147

Landor, W. S., Imaginary Conversations, 124, 129
latência
estado de, 118, 148
lei do terceiro excluído, 28
Leonardo da Vinci
Freud sobre, 111
leucemia, 64, 139, 140, 141, 142
linguagem, 16
aquisição da, 92
articulada, 21, 26, 37, 40, 67, 78, 90, 96, 121
compreensão pelo paciente da, 77, 142
corporal, 20, 51, 63, 66-67, 134
desvalorização da, 16
do analista, 21, 37-38, 95
do inconsciente, 60
inabilidade do paciente para compreender, 15-16, 63, 65, 69-70, 77, 142
necessidade de precisão na, 16
privada, 119

158 ÍNDICE REMISSIVO

London Clinic of Psycho-Analysis, 133

maníaco, paciente, 133, 136
maníaco-depressivo, paciente, 72
Maomé, 125
masturbação, 40
matemática, precisão da, 28
Matte Blanco, I., 24, 59, 65
memória e desejo, despojando a mente de, 67
mente, guerra da, 136
meta-matemática, 28
Milton, J., 54, 62, 73, 84, 93, 96, 102, 138, 143, 153
   Paraíso Perdido, 54, 62, 73, 143
mitologia grega, 33
moda(s)
   em atitudes religiosas, 126
Moisés, 125
Moore, H., 17
morte
   cesura da, 117-118
   mental, 146
Mozart, W. A., 22
música
   comunicação pela, 31-32, 45
   devaneio como, 76
   e medo, 31-32
   papel na análise, 31-33
   selvagem, 76
   veja também arte

Nansen, F., 49, 54, 57
nascimento
   cesura do, 12, 20-21, 44-45, 72, 95, 117
   impressionante, 12, 72, 83, 95, 141

   como aniversário, 138
   iniciação do, pelo bebê, 90
   trauma do, 12, 20, 45
   repetição do, na análise, 21
Newton, I., 94, 96

objeto bom, destruição do, 91
observação, papel da, 15, 63, 65
olfato
   sentido do, 18, 40, 82
   do bebê, 80, 137
   uso pelo analista, 39
onipotência, 54, 106, 108, 113
   vs. impotência, 106
onisciência, 54, 108-109, 113
ouvir internamente, 121

paciente
   depressivo, 136
   neurótico, 136
   psicóticos, 19-20, 68, 90, 97
paramnésias, 19, 20, 61
Pascal, B., 106, 109
pensar/pensamento(s), 24, 27-28, 39, 42, 59-62, 70-71, 87, 106-113, 115, 123, 127, 131-135, 151-152
   de grupo, 111
   ferramentas para, invenção do analista das, 109
   matemático, 25, 28, 84
   selvagem: *ver* pensamento(s)
   selvagem(ns), 76, 92, 97-98, 113
   -sem-pensador, 75
perspectiva reversível, 42
Phase IV, 113, 116
pintura
   comunicação pela, 69
   devaneios como, 77
   selvagem, 77

WILFRED R. BION 159

poesia
  e medo, 91, 109
princípio de realidade, 108
projeção, 25, 60
Ps e D, 85

Rangell, L., 18
Rank, O., 13, 44
Rafael, 100
razão especulativa, 115
repressão, 61, 64
  primária, 65
Rickman, J., 12
ruído, 34-35, 39, 45, 47, 66-67, 81, 91-92
  ensurdecedor, bombardeio de, 33-34
  simulando pensamento profundo, 20

sabedoria *vs.* inteligência, 83-85, 89
São João, revelações, 92-93, 97
Schreber, caso, 108
Segal, H., 59
sentido(s)
  atuando à distância, 80
  audição, 12, 104, 137
  do analista, evidência dos, 11
  olfato, 18, 82, 137
  primordiais, 81-82
  uso no diagnóstico, 40
  visão e capacidade ocular, 12
Shakespeare, W., 56, 57, 73, 94, 102, 152, 153
  Cymbeline, 56, 57
  Noite de Reis, 153
Shelley, P. B., Ozymandias, 126, 130
silêncio
  medo do, 109

símbolos intrapsíquicos, 19
sistema nervoso, 12, 96, 107
sonho(s)
  de tristeza, 95
  falta de, 81
  interpretação de, 25, 27, 139
  ruim, 36, 46, 64, 78, 81, 88
Stravinsky, I., 22, 23, 29
suicídio, 133
superalma, 102
superego, 102, 123

Tácito, 123, 129
tempo
  conceito de, 103
teoria da probabilidade, 28
teoria psicanalítica, 27, 28, 32
Tolstoi, L. Guerra e Paz, 21, 22
transferência
  manifestação da, 48
  relação de, 101

Upanixades, 125, 130

Valeriano, 86, 88
Valéry, P., 62, 73
verdade
  na comunicação analítica, 15, 27, 36, 43, 45, 49, 135, 1452
  na comunicação artística, 17, 69
  problema da, 108
  ver também interpretações verdadeiras
Virgílio, 44, 83
  Eneida, 148
visão, sentido da, uso pelo analista, 12, 19, 51, 63, 67, 71, 139-140, 142, 147, 149
vivissecção, opositores à, 118

160 ÍNDICE REMISSIVO

vocabulário do analista, precisão do, importância da, 16-17, 22, 100, 119, 121

Wellington, Duque de, 133, 138

Winnicott, D. W., 91

Wordsworth, W., "Linhas Compostas a Poucas Milhas Acima de Tintern Abbey", 109, 116

Yeats, W. B., *Salomão e a Bruxa*, 151, 152, 153